WALSERHAUS
GURIN

H. TOMAMICHEL

BOSCO GURIN   ZÜRICH   PARIS

Ein Künstler
Drei Orte
Drei Leben

Un artista
Tre luoghi
Tre vite

OFFIZIN

Ich bin mit einer gesunden Beobachtungskraft von meinen rohen Bergen in die Stadt hinuntergestiegen

Hans Anton Tomamichel
1899-1984

Mit Bildern schreiben

Eine Komposition in Bild und Text
von Annegret Diethelm
mit Beiträgen von Attilio D'Andrea

Gestaltet von Karl Frei

Italienische Übersetzung von
Maria Rosaria Regolati Duppenthaler

mim Attu - al mio Papà

Lieber Pa
So wie ich einst Dir auf den Knien sitzen und Geborgenheit erleben durfte, so darf ich Dich heute über Dein Werk ehren und Dir für alles danken. Wohl wissend, dass Du nie gerne grosses Aufheben von Deinem Können machtest und öffentlichen Ehrungen abgeneigt warst, so freut es mich, dass dieses Buch entstehen konnte und vielen Menschen Deine Anliegen näher bringen wird.

Caro papà,
Da bambino tu mi lasciavi salire sulle tue ginocchia e mi facevi sentire al sicuro. Oggi io ho l'occasione di ringraziarti di tutto e di renderti onore attraverso la tua opera. Pur sapendo che tu non hai mai fatto vanto delle tue capacità e, anzi, eri piuttosto contrario alle lodi pubbliche, sono contento che questo libro abbia potuto vedere la luce perché permetterà a molte persone di avvicinarsi a ciò che ti stava più a cuore.

Der Weg zur Ausstellung

Wenn ich gross bin, werde ich Maler lernen... ich werde Geld verdienen. Ich werde das Geld der Mutter geben, ...Im Winter werde ich nach Hause zurückkehren, ich werde in die Berge steigen und Heu hinunter ziehen, im Sommer werde ich den Tanten beim Mähen helfen. (HTo Schulaufsatz 1907)

Diesem Grundschema blieb er zeitlebens treu. Die Verbundenheit zu seiner Heimat veranlasste ihn 1936 zur Gründung des Museums. Er wollte die vielen schönen Gebrauchsgegenstände dem Dorf erhalten und dem Zugriff der Antiquare entziehen. Oft führte er Leute durchs Museum, wir Kinder durften ihn begleiten und lernten all die Gegenstände und deren Gebrauch kennen. Seine Erklärungen, wie er die Jugendzeit erlebte, wie er beim Kühe hüten mit einem Brocken steinharten Brotes im Sack die wundersame Verwandlung der Wolken beobachten konnte, und viele andere Geschichten, woben sich in unsere eigenen.

Grosse Sorge bereitete ihm die rapide Bevölkerungsabnahme. Wenn er jemanden zum Bleiben ermuntern konnte, dann packte er die Gelegenheit. Die Erhaltung seines Heimatdorfes mit seiner Kultur und seinem alten Dialekt war ihm stets ein grosses Anliegen. Sein Einsatz für sein Dorf wurde nicht von allen geschätzt und einzelne betrachteten solche Versuche als ungebührliche Einmischung.

Bosco Gurin war und blieb sein grosses Anliegen und so war es bei seinem Tod für uns Nachkommen keine Frage, dass er seine letzte Ruhe in seiner geliebten Heimat finden sollte.

Als an der Jahresversammlung der Gesellschaft 1996 der Vorschlag für eine Ausstellung gemacht wurde, aktualisierte dies unser altes Familienanliegen.

Einer Arbeitsgruppe mit den Herren Gius.Cattori, Udo Elzi, Walter Della Pietra, Giorgio Filippini, Fulvio Sartori, dazu Bruno Donati, Teresio Valsesia und Bruno Giollo, legte ich

Verso l'esposizione

Quando sarò grande, imparerò a fare il pittore ... guadagnerò dei soldi. Darò i soldi alla mamma,... D'inverno ritornerò a casa, salirò sulle montagne e tirerò giù il fieno, d'estate aiuterò le zie a falciare il fieno. (HTo, componimento scolastico 1907)

Hans Tomamichel è rimasto fedele per tutta la vita a questo schema di fondo. L'attaccamento alla sua terra d'origine, nel 1936 lo ha spinto a fondare il museo. Egli voleva conservare nel paese i numerosi oggetti ed attrezzi di valore, salvandoli così dalle grinfie degli antiquari. Spesso guidava i visitatori attraverso il museo e noi bambini potevamo accompagnarlo. Abbiamo così potuto conoscere tutti gli oggetti ed il loro uso. Il racconto di come aveva vissuto la giovinezza, di come egli, facendo la guardia alle mucche con un pezzo di pane secco nel sacco, poteva osservare il meraviglioso cangiare delle nuvole in cielo, e molte altre storie ancora, si intrecciavano con le nostre esperienze personali.

Si preoccupava molto per la diminuzione della popolazione. Non perdeva occasione per esortare qualcuno a rimanere. La salvaguardia del suo paese natale, con la sua cultura ed il suo vecchio dialetto, gli stava molto a cuore. Il suo impegno per il paese non era apprezzato da tutti ed alcuni consideravano questi sforzi delle sconvenienti ingerenze. Nonostante questo, Bosco Gurin era e rimase sempre al centro del suo interesse. Per noi discendenti non vi era dunque nessun dubbio: è nella sua amata terra che avrebbe trovato la pace eterna.

Un vecchio desiderio della nostra famiglia è ritornato d'attualità nel 1996 quando, in occasione dell'assemblea annuale della «Gesellschaft Walser Haus», qualcuno propose di organizzare una mostra su Hans Tomamichel.

Ho sottoposto allora un album di fotografie con illustrazioni volanti ad un gruppo di

ein Fotobuch mit uneingeklebten Bildern vor. Die Idee fiel auf fruchtbaren Boden, aber ich musste zur Kenntnis nehmen, dass vor allem erst das Werk gesichtet und katalogisiert werden müsse. Die Herren Bernhard von Waldkirch vom Kunsthaus Zürich und Urs Hobi vom Schweizerischen Institut für Kunstwissenschaft waren mir geduldige Berater! Für die Realisierung fehlten «nur» noch die Ausstellungsmacher. Die Absage eines valablen Kandidaten brachte das Projekt ins Wanken.

Es war ein glücklicher Zufall, dass bald darauf eine Anfrage für einen Kunstführer über Bosco Gurin des Büros AD&AD, Cevio, ins Haus flatterte. Hier fanden wir die ideale Crew mit der Kunsthistorikerin Annegret Diethelm und dem Architekten Attilio D'Andrea. Schon bei der ersten Begegnung entstand eine unerwartete Vertraut- und Offenheit; sie ermöglichte gegenseitige aufbauende Kritik. Mit grossem Respekt arbeitete sich Annegret Diethelm durch die Briefe und die vielen Zeichnung und näherte sich sehr behutsam dem Wesen des Künstlers. Dazwischen blitzte der Uebermut und die sprühende Fantasie auf, ein treffliches Mittel wider den tierischen Ernst. Attilio D'Andrea versuchte das Werk des Grafikers und Künstlers in der unterschiedlichen Gestaltung der Ausstellungsräume selbst erfahrbar zu machen und holte uns durch kritische Hinterfragung immer wieder auf den Boden der Realität zurück. Ein extra Kränzchen möchte ich den beiden Buben der Familie AD&AD winden, die uns mit Verständnis und Geduld viel Freiraum gaben!

Das Kleeblatt vervollständigte sich mit Karl Frei, dem sorgfältigen, kreativen Grafiker, und schliesslich kam das Faktotum Max Burger dazu. Maria Rosaria Regolati Duppenthaler übersetzte die Texte auf italienisch und Elfi Rüsch besorgte das Lektorat. Allen diesen Mitarbeitern gebührt ganz grosser Dank! Diese begeisternde Art ermöglichte die vorliegende, sehr persönliche Form einer Künstlermonographie als Begleitung zur ersten Ausstellung über Hans Tomamichel in Bosco Gurin im Sommer 2001.

Ein ganz besonderer Dank gilt meinen beiden Schwestern, M. Cornelia Pfiffner-Tomamichel und Elisabeth Flüeler-Tomamichel, meinen Schwägern Heinrich Flüeler-Tomamichel und Fritz Müller-Tomamichel, die durch Mitarbeit und viele wertvolle Erinnerungen und Tips zum Gelingen beitrugen und ihre Bilder für die Ausstellung zur Verfügung stellten.

Dank sei auch der Gemeinde von Bosco Gurin, die das Schulhaus renovieren liess, die Lokalitäten kostenlos zur Verfügung stellte und sogar die Schule für einige Wochen verlegte.

Im Namen der Gesellschaft Walserhaus Gurin danke ich allen guten Geistern, die zum Entstehen des Kataloges und der Realisierung und Durchführung der Ausstellung beigetragen haben!

Leonhard Tomamichel,
Präsident Walserhaus Gurin

---

lavoro composto dai signori Giuseppe Cattori, Udo Elzi, Walter Della Pietra, Giorgio Filippini, Fulvio Sartori, Bruno Donati, Teresio Valsesia e Bruno Giollo. L'idea è caduta su terreno fertile ma mi sono dovuto rendere conto che, prima di tutto, sarebbe stato necessario visionare e catalogare tutta l'opera. Bernhard von Waldkirch, del Kunsthaus di Zurigo, e Urs Hobi dell'Istituto svizzero di studi d'arte mi hanno offerto una paziente consulenza! Per la realizzazione mancava dunque «solo» chi allestisse l'esposizione. Il rifiuto di un valido candidato aveva infatti fatto vacillare il progetto.

La fortuna ha voluto che, poco dopo, ci volasse in casa l'offerta dello studio AD&AD di Cevio per una guida artistica su Bosco Gurin. La storica dell'arte Annegret Diethelm e l'architetto Attilio D'Andrea erano per noi l'équipe ideale. Già dal primo incontro si è istaurato un rapporto schietto e familiare che ci ha permesso di lavorare in un clima costruttivo e di reciproca critica. Annegret Diethelm ha esaminato con estremo rispetto le lettere ed i molti disegni ed ha saputo avvicinarsi con delicatezza alla persona dell'artista. Non son mancati i momenti in cui ci siamo lasciati sopraffare dalla baldanza ed abbiamo lasciato libero sfogo ai guizzi della fantasia: era l'antidoto ideale contro la seriosità. Attilio D'Andrea si è impegnato a mettere in evidenza l'opera del grafico e dell'artista attraverso un'adeguata progettazione degli spazi espositivi. Con le sue sollecitazioni critiche ha contribuito inoltre non poco a farci rimanere con i piedi per terra. Un pensiero particolare, infine, ai due ragazzi della famiglia AD&AD che hanno dimostrato comprensione e pazienza concedendoci molta libertà!

Il quartetto è stato completato da Karl Frei, grafico sollecito e creativo. Da ultimo si è unito a noi il tuttofare Max Burger. Maria Rosaria Regolati Duppenthaler si è occupata della traduzione in italiano ed Elfi Rüsch della lettura critica dei testi. Tutti questi collaboratori si sono meritati un grazie grande grande! L'entusiasmo per il lavoro ha permesso di realizzare in un modo molto personale la monografia che nell'estate 2001 accompagnerà la prima esposizione su Hans Tomamichel a Bosco Gurin.

Un grazie tutto particolare va alle mie due sorelle, M. Cornelia Pfiffner-Tomamichel e Elisabeth Flüeler-Tomamichel ed ai cognati Heinrich Flüeler Tomamichel e Fritz Müller-Tomamichel che con la loro collaborazione, con i molti preziosi ricordi, con i loro suggerimenti e, non da ultimo, mettendo a disposizione per l'esposizione il materiale iconografico in loro possesso, hanno contribuito alla riuscita dell'iniziativa.

Un grazie va anche al comune di Bosco Gurin che ha fatto riattare l'edificio scolastico, mette a disposizione gratuitamente gli spazi ed ha addirittura fatto cambiare sede alla scuola per alcune settimane.

A nome della Gesellschaft Walserhaus Gurin ringrazio tutte le anime buone che hanno contribuito alla creazione del catalogo ed alla realizzazione dell'esposizione!

Leonhard Tomamichel,
presidente Walserhaus Gurin

Der Töin escht chu!

Als wir an einem Wintermorgen bei Alois Della Pietra in Bosco Gurin in der Stube sassen und nach den Briefen fragten, die Hans Anton Tomamichel, der Zürcher *Töin*, vor mehr als fünfzig Jahren seinem Vater Hans Anton Della Pietra, dem Guriner *Tüin*, geschrieben hatte, da stieg er auf einen Stuhl, nahm die grifflose Geheimschublade aus dem Stubenbuffet, stellte sie auf den Tisch und zog die Briefe zwischen anderen Familiendokumenten hervor. *Gueten aben!* – und der *Töin* tritt durch die Tür -, gezeichnet auf einem der Blätter, auf denen schalkhaft angriffige Zeichnungen neben und im Text die Botschaft von Zürich nach Gurin brachten.

Echte Guriner haben ihre Schatzkisten, gefüllt mit Erinnerungen. Und ist jener, den wir uns mit diesem Buch in Erinnerung rufen wollen, ein Grafiker und Künstler, so bestehen die Dokumente natürlich vor allem aus Bildern. Überwältigt von der Menge der im Besitz der Nachkommen verbliebenen Skizzen und Zeichnungen, Aquarellen und Oelgemälden, Fotografien, Notizen, Gegenständen, Schulheften und Briefen wurde das etwas ungewohnte Konzept der ersten Ausstellung über Hans Tomamichel in Bosco Gurin vom 7. Juli bis 21. Oktober 2001 geboren. Wir ordneten die Überfülle der Bild- und Textdokumente den drei Lebensorten Hans Tomamichels zu und tragen sie im Sommer 2001 an seinen Heimatort Bosco Gurin, zu ihrem Ursprung zurück. Die in Bosco Gurin, Zürich und Paris entstandenen Bilder und Zeichnungen werden an verschiedenen Plätzen in Dorf und Landschaft präsentiert und führen von der «permanenten Ausstellung» der Sgraffiti und Fresken an Häusern, Kapellen und Kirche hinaus zum grösseren Horizont des vielseitigen Werks. In enger Zusammenarbeit mit dem Grafiker Karl Frei ist das Buch zur Ausstellung entstanden, ein Buch, in dem in erster Linie die Bilder selbst sprechen und der Text sich als hintergründiger Begleiter versteht: Mit Bildern schreiben!

Wir danken den Nachkommen und Verwandten von Hans Tomamichel für ihre aussergewöhnliche Offenheit, mit der sie uns in ihre Schatztruhen blicken liessen und all jenen, die uns bei der Bewältigung des überreichen Fundes mit ungewöhnlicher Bereitschaft zur Seite standen. Ein ganz besonderer Dank geht an Leonhard Tomamichel, Karl Frei und Maria Rosaria Regolati Duppenthaler.

Annegret Diethelm und Attilio D'Andrea, Mai 2001

Il Toni è arrivato!

Quando, una mattina d'inverno, seduti nel soggiorno di Alois Della Pietra a Bosco Gurin, gli abbiamo chiesto delle lettere che Hans Tomamichel, il *Töin* zurighese, più di cinquant'anni prima aveva scritto a suo padre Hans Anton Della Pietra, il *Tüin* boschese, egli è salito su di una sedia, ha preso dalla credenza un cassetto segreto senza maniglie, l'ha messo sul tavolo e, in mezzo ad altri documenti di famiglia, ha tirato fuori le lettere. *Gueten aben!*, Buona sera!, e il *Töin* entra dalla porta, schizzato su uno dei fogli che hanno portato le notizie da Zurigo a Bosco, fogli con disegni maliziosi e pungenti che accompagnano ed intercalano il testo.

I boschesi autentici hanno tutti un piccolo tesoro segreto, pieno di ricordi. E dato che colui che vogliamo ricordare con questo libro è stato un grafico ed un artista, fra i documenti rimasti si trovano soprattutto immagini. Il progetto della prima mostra su Hans Tomamichel che si tiene dal 7 luglio al 21 ottobre 2001 a Bosco Gurin, forse un po' inconsueto, è nato dalla sbalorditiva mole di schizzi, disegni, acquarelli, olii, fotografie, appunti, oggetti, libri e quaderni di scuola che ancora oggi sono conservati dai discendenti. Quest'estate l'enorme quantità di immagini e di scritti, riordinata secondo i tre luoghi in cui Hans Tomamichel ha vissuto, ritorna al suo paese natale, alla sua origine. Diversi angoli del villaggio e della campagna di Bosco Gurin ospitano dunque la produzione pittorica e grafica nata qui sul posto, a Zurigo ed a Parigi. Il percorso espositivo, partendo dalla «permanente» dei graffiti e dei dipinti murali realizzati su case private, nelle cappelle ed in chiesa, permette man mano di liberare lo sguardo sul vasto orizzonte di questa poliedrica opera. La pubblicazione che accompagna la mostra è nata in stretta collaborazione con il grafico Karl Frei. In essa parlano soprattutto le immagini, il testo non vuole essere che un discreto accompagnatore: scrivere con le immagini!

Ringraziamo i conoscenti ed i familiari di Hans Tomamichel per l'estrema generosità con la quale ci hanno permesso di gettare uno sguardo nei loro tesori segreti. Ringraziamo pure tutti quelli che, con eccezionale disponibilità, ci hanno aiutato ad elaborare il ricchissimo lascito. Un grazie particolare infine va a Leo Tomamichel, Karl Frei e Maria Rosaria Regolati Duppenthaler.

Annegret Diethelm e Attilio D'Andrea, maggio 2001

Index

Der aufrechte Gang	8 - 12	**L'andatura eretta**	8 - 12
Hans Anton Tomamichel 12.2.1899-15.4.1984		Hans Anton Tomamichel 12.2.1899-15.4.1984	
Bosco Gurin 1899-1914	13 - 18	**Bosco Gurin 1899-1914**	13 - 18
Kindheit und Jugend		Infanzia e giovinezza	
Zürich 1914-1925	19 - 28	**Zurigo 1914-1925**	19 - 28
Lehre, Gewerbeschule und erste Aufträge		Apprendistato, scuola professionale e primi incarichi	
Paris 1925-1927	29 - 58	**Parigi 1925-1927**	29 - 58
Jahre des Studiums und der Ausbildung		Gli anni dello studio e della formazione	
Zürich 1927-1984	59 - 117	**Zurigo 1927-1984**	59 - 117
Alltag, Familie und Arbeit		Quotidianità, famiglia e lavoro	
Auf der Suche nach dem Wesentlichen oder das Bewahren der Mitte	119 - 125	**Alla ricerca dell'essenziale ovvero mantenere il centro**	119 - 125
Kurze Würdigung		Breve critica	
Exkurse: Bosco Gurin		**Digressioni: Bosco Gurin**	
Die schwarzen Porträts	22 / 23	I ritratti neri	22 / 23
Besuch in Bosco Gurin	54 / 55	Visita a Bosco Gurin	54 / 55
Das alles ist doch ein kleines Paradies	71 - 81	Tutto questo è proprio un piccolo paradiso	71 - 81
Ferien in Bosco Gurin	104 / 105	Vacanze a Bosco Gurin	104 / 105
Anhang	126 - 131	**Appendice**	126 - 131
Literaturhinweise, Bildnachweis, Auszug aus dem Werkkatalog		Bibliografia, fonti fotografiche, estratto dal catalogo delle opere	

Der aufrechte Gang   *L'andatura eretta*

Hans Anton Tomamichel
12.2.1899-15.4.1984

Bosco Gurin, 1506 m.ü.M.,
1253 urkundlich erstmals bezeugtes Walserdorf im Maggiatal (Kt. Tessin), Aufnahme um 1900

Bosco Gurin, 1506 m s/m,
villaggio walser della Valle Maggia (Canton Ticino), attestato dal 1253, foto ca.1900

1899 - 1914 Bosco Gurin

Il mio paese
Il mio paese si chiama Bosco. Si trova immezzo ai monti. Per me è sempre bello. Non ha palazzi tribunali e belle vie, ma per me è sempre bello. Sei piccolo, hai case di legno, brutte strade. È un albergo si chiama Edelweiss, c'è una piccola scuola. C'è una fontana, nel mio paese si parla lingua tedesca.
(HTo 1909)

Es gibt Geschichten, die beginnen mit «Es war einmal...» - und sind doch keine Märchen. Es war einmal ein kleiner Bub. Hans Tomamichel. Der wuchs in Bosco Gurin, hoch über dem Maggiatal, am «Ende der Welt», auf. Barfuss. Mit Geissen und Kühn, Morgenrot und Abendglühn. In Frieden und in Freiheit. Dem Himmel nah.
(Edith Lier, Schweizer Illustrierte 10.9.1979)

Maria Tomamichel 1913

Ci sono storie che cominciano con «C'era una volta...» eppure non sono fiabe. C'era una volta un ragazzino. Hans Tomamichel. Crebbe a Bosco Gurin, su in alto sopra la Valle Maggia, «fuori dal mondo». A piedi nudi. Con capre e mucche, col rosso dell'aurora ed il fuoco del tramonto. In pace ed in libertà. Vicino al cielo. (Edith Lier, Schweizer Illustrierte 10.9.1979)

Carissimo Padre.
Ecco giunto l'avventuroso giorno in cui comincia l'anno nuovo. Io ne approfito per rinnaverti l'assicurazione del rispetto e dell'amore ch'io nutro per te. (HTo 1908)

Hans Anton Tomamichel kam am 12. Februar 1899 als ältester Sohn der Schneiderin Anna Maria Della Pietra und des Bauern und Bahnangestellten Joseph Anton Tomamichel in Bosco Gurin zur Welt. Ihm folgten zwei Brüder, Otto 1900 und Tobias 1902, und 1912 die Schwester Maria.

Am Herdfeuer der Mutter holte der Messdiener am Sonntag vor der Messe Glut für das Weihrauchgefäss. Durch ihre Beziehungen zu Zürich, wo sie als Störschneiderin arbeitete und ihr Bruder Anton Della Pietra lebte, öffnete sie die abgeschlossene Bergwelt Richtung Stadt.

Unser Grossvater lag auf der Sofa und kaute Tabak. Er hatte einen Spucknapf neben sich stehen, dessen Holzdeckel er zu angebrachter Zeit mit dem befestigten Holzstab öffnete. Er streute Pfeffer auf die Suppe. Am Morgen ging er früh weg, um zu mähen. Wir Kinder brachten ihm den Zvieri (Kaffee und Brot); manchmal haben wir auch Kartoffeln gekocht. Er ging stets schon um 19 Uhr zu Bett. Er liebte die Ruhe.
(Margrit Pfiffner-Tomamichel, Leonhard Tomamichel 2001)

Annamaria Tomamichel-Della Pietra, Hans und Tobias

Dieser Hans Tomamichel, naturverbunden und naturdurchdrungen, träumte davon, Kunstmaler zu werden. Doch zuerst lernte er in Zürich das Grafiker-Handwerk. (Edith Lier, Schweizer Illustrierte 10.9.1979)

Hans Anton Tomamichel nacque a Bosco Gurin il 12 febbraio 1899, primogenito della sarta Anna Maria Della Pietra e del contadino e ferroviere Joseph Anton Tomamichel. A lui seguirono due fratelli, Otto 1900 e Tobias 1902 e, nel 1912, la sorella Maria.

Prima della messa domenicale il chierichetto prendeva la brace per il turibolo dal focolare materno. Grazie alle sue relazioni con Zurigo, dove aveva lavorato come sarta in case private e dove viveva suo fratello Anton Della Pietra, la madre riuscì a far aprire il chiuso mondo montano verso la città.

Mio padre si chiama Gius. Ant. Tomamichel. Mia madre si chiama Anna Maria Della Pietra. I miei fratelli si chiamano Otto e Tobia. Mia sorella si chiama Maria Giovanna Tomamichel. I genitori del mio babbo si chiamano Gius. Ant. e Lucia. I genitori della mia mamma si chiamano Giov. Ant. e Anna M. D.P. (...) La nostra sarta si chiama Anna Maria Tomamichel.
(HTo 21.3.1912)

Schule Bosco Gurin 1911/12   Hans, Tobias und Otto mit Eduard Sartori

1914 - 1925 Zürich

Anny Kaiser mit Mutter

In einem Zimmer unserer Vierzimmerwohnung wohnten die «Buben», für mich waren es wie ältere Brüder. Cousin Hans zeichnete uns alle, meine Schwestern, meine Mutter, mich, meinen Vater auf dem Totenbett. - Einmal fragte ich mich, warum er die Beine meiner kleinen Berner Grossmutter so ungenau zeichnete, bis ich merkte, dass er mit diesem einen Strich ihren charakteristischen Gang eingefangen hatte. (Alfons Della Pietra, geb. 1918, Priester in Zürich und späterer Leiter der Caritas Zürich, 2001)

Anny Kaiser

Du weisst, dass Mutter u. Schwester mich sehr lieb haben. (HTo 13.11.1925)

*Mein Lieber,
Theile Dir mit das ich also am Freitag um 6.55 in Zürich ankomme Hauptbahnhof. Also auf herrliches Wiedersehen und Grüsse von Deiner Mutter*
(11.10.28)

Am 6. April 1914 begann Hans Tomamichel seine Lehre bei M. und C. Annen, graph. art. Atelier, in Zürich und schloss sie - nach kriegsbedingtem Unterbuch 1914/15 - am 1. Mai 1918 ab. Bevor er eine eigene Wohnung bezog, wohnte er - wie später seine beiden nachkommenden Brüder - bei der Familie seines Onkels Anton Della Pietra-Harnischberg an der Heinrichstrasse.

In Zürich fand der emigrierte Sohn der Tessiner Berge Anschluss an den katholischen Jünglingsverein, wo seine nach höherer Wahrheit dürstende Seele Nahrung fand, sowie an heimwehstillende Tessiner Vereine, wie Pro Ticino und die Lepontia Turicensis. 1924 unterschrieb er die Statuten der Lepontia d'Onoraria als deren Präsident. Seinen Wissensdurst löschte er mit Vorlesungsbesuchen an der ETH Zürich, Kunstgeschichte bei Prof. Zemp, Anatomie, Physiologie... Gebiete, die seinem Beruf als Grafiker und Künstler nützlich sein konnten.

1922 verliebte sich Hans Tomamichel in Anny Kaiser, die Tochter der Confiserie française an der Morgartenstrasse 22 in Zürich. Damit begann die komplexe Beziehung zwischen der Bäckerstochter und Telefonistin und dem jungen Grafiker, eine jahrelange gegenseitige Erziehung im Sinn eines mystischen Leidensweges auf dem Weg zu Gott, die jedoch auch freiere Momente erlebten: *Lieber Du! (...) Hans sag, an was zerquälen wir uns eigentlich?*
(AK an HTo, 1925/1927)

Wir Grossstadt-Jünglinge haben alle auch so einen Schatz bitter nötig. Wenn wir auch nicht speziell mit leiblicher Not zu rechnen haben, so ist dagegen oft die seelische Not umso grösser, und im Grossstadtleben wird sie oft so mächtig, dass wir wahrlich eines unermesslich reichen Trostschatzes bedürfen, um nicht zu unterliegen. (...) Nicht nur alle Monate, nein, alle 14 Tage wollen wir uns ab jetzt bei unserem grossen Feldherrn im Tabernakel Begeisterung holen für den heiligen Kampf gegen die Sünde.
(Monats-Programm des kathol. Jünglichsvereins St. Josef-Zürich, August 1920)

Ich habe gewiss vieles vernachlässigt bis anhin. Habe mich wohl interessiert für Kunstgeschichte, Literatur usw., mich aber nicht so ganz vertieft darin. Mein Gebiet war mehr die Seele (+ Gott), sie wird es auch fernerhin sein, aber ich sehe, dass es notwendig ist für's Leben, auch Literatur u. Philosophie gründlich zu kennen.
(HTo 4.2.1925)

Nicht für alle war Bosco ein Paradies. Lieber Freund, ... Jetzt will ich Dich bitten, wenn es dir nicht möglich in der Stadt eine Stelle zu verschaffen, den kannst du nur auch nach Auswärts eine solche suchen, aber wenn es dir möglich wäre noch vor Weihnachten, ich würde dir sehr dankbar, glaube es mir mein lieber u. wenn es dir wirklich nicht möglich ist vor Weihnachten dann wenigstens nach Neujahr, denn ich bin satt von Bosco, ich möchte grad wieder fort sein. (Eduard an HTo, 11.12.1920)

In der Gewerbeschule sei ein Tessiner, der besser deutsch könne als sie alle, habe Gottfried Kaiser, der Bruder Annys und Schulkollege Hans Tomamichels erzählt. (Margrit Pfiffner-Tomamichel, 2000)

Il 6 aprile 1914 Hans Tomamichel iniziò il suo apprendistato presso l'atelier di grafica artistica di M. e C. Annen a Zurigo e lo concluse il 1. maggio 1918 dopo un'interruzione, dovuta alla guerra, negli anni 1914/15. Prima di andare ad abitare in un proprio appartamento, egli visse presso la famiglia dello zio Anton Della Pietra-Harnischberg alla Heinrichstrasse. Lo stesso fecero in seguito i due fratelli.

A Zurigo i contatti con le organizzazioni giovanili cattoliche e le associazioni ticinesi come Pro Ticino e Lepontia Turicensis permisero all'emigrante, figlio delle montagne ticinesi, di trovare nutrimento per l'anima affamata di verità e di lenire la nostalgia del paese natìo. Nel 1924 egli firmò in qualità di presidente gli statuti della Lepontia Onoraria. La sua sete di conoscenza lo portò a frequentare al Politecnico di Zurigo i corsi di storia dell'arte (prof. Zemp), di anatomia, e di fisiologia... tutte materie che avrebbero potuto essergli utili nella sua professione di grafico ed artista.

Nel 1922 Hans Tomamichel si innamorò di Anny Kaiser, la figlia della Confiserie française alla Morgartenstrasse 22 a Zurigo. Fra la telefonista, figlia di panettiere ed il giovane grafico ebbe inizio così una relazione complessa, una pluriennale reciproca educazione, una via crucis mistica sul cammino verso Dio, che conobbe però anche momenti di maggiore libertà.

1925 - 1927 Paris

Hier in Paris hat man Zerstreuung genug u. der schwerste Kampf ist, sich nicht zu verlieren.
(HTo 30.3.1925)

Ich schlafe im Hôtel de France et de Suisse - eine ganz kleine Bude zu frs. 10.- pro Tag. Wenn ich dann nur von gewissen Kriechtieren verschont bleibe! Hier in Paris soll diese Industrie zum guten Ton gehören. Mir soll das nicht passieren! Ich will und werde Schweizer bleiben! (HTo 2.3.1925)

Anschliessend atmete er während zweier Jahre als Zeichner und Maler in Paris eine neue Freiheit ein, die Freiheit des Denkens und des Geistes.
(Edith Lier, Schweizer Illustrierte 10.9.1979)

Am 2. März 1925 traf der junge Grafiker in Paris ein mit der klarumrissenen Vorstellung, sich als Künstler weiterzubilden. Er liess sich an verschiedensten Akademien in die Geheimnisse der Kunst einführen, besuchte Museen und hielt mit offenem Strich in unzähligen Skizzen gleich einem Seismograph das fiebrig schillernde Leben in den Bistros, Varietés und auf den Strassen der Grossstadt fest, immer darum bemüht, seine aufrechte, moralisch integere Lebenshaltung zu bewahren.

Befürchtungen, dass eine zukünftige Familie nicht von der Kunst leben könne - *Was mich eigentlich immer vor einer Ehe zurückschreckte war nichts anderes als meine finanziellen Verhältnisse.* (HTo 12.4.1927) - , dass er aber doch auch für die Kunst leben wolle - *Meine Familie hat für mich grosse Bedeutung, aber auch meine Kunst soll und muss diese Bedeutung haben...* (HTo 30.3.1927) - und die wohl schmerzende Beobachtung Anny Kaisers, dass ihm zum wahren Künstler Lebenserfahrung und Tiefe fehle - *Wie anders wäre es, wenn Du Dich auf dem soliden Boden des graphisch künstlerischen Berufes gründlich ausbilden würdest, und die Kunst des Malens für Dich behalten würdest nur für die Feierstunden* (AK an HTo 1925/27) - mündeten schliesslich 1927 in der Rückkehr nach Zürich...

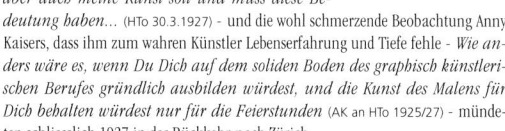

Il 2 marzo 1925 il giovane grafico arrivò a Parigi con la precisa intenzione di perfezionarsi come artista. Egli si lasciò iniziare ai segreti dell'arte nelle accademie più diverse, visitò musei e, come un sismografo, registrò la sfavillante e febbrile vita dei bistros, dei varietés e delle strade della grande città disegnando con tratto veloce e schietto innumerevoli schizzi, sempre attento però a conservare una condotta retta e moralmente integra.

Il timore, che una futura famiglia non potesse vivere dell'arte, - *Quello che mi fece sempre indietreggiare davanti al matrimonio non erano nient'altro che le mie condizioni finanziarie.* (HTo 12.4.1927) - il fatto che egli però voleva veramente vivere anche per l'arte - *La mia famiglia ha per me una grande importanza, però anche la mia arte dovrebbe e deve avere questa importanza...* (HTo 30.3.1927) - nonché l'osservazione di Anny Kaiser, sicuramente dolorosa, che per diventare un vero artista gli mancavano esperienza di vita e spessore - *Come sarebbe diverso, se tu ti perfezionassi a fondo sul solido terreno della professione grafico-artistica, e tenessi per te l'arte della pittura, per il tuo tempo libero* (AK a HTo 1925/1927) - sfociarono per finire nel 1927 nel ritorno a Zurigo...

1925 - 1927 Zürich

Weihnachten 1950

...und 1928 in die Heirat und Familiengründung; 1930 wurde Silvio Franz als erster Sohn geboren. Dann folgten 1931 Margrit, 1934 Leonhard, 1936 Annemarie und 1940 Elisabeth.

... e nel 1926 nel matrimonio e nella creazione della famiglia. Nel 1930 nacque il primo figlio Franz; seguirono Margrit nel 1931, Leonhard nel 1934, Annemarie nel 1936 e Elisabeth nel 1940.

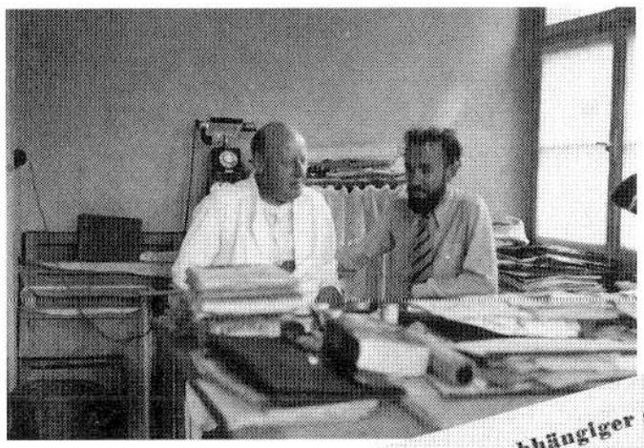

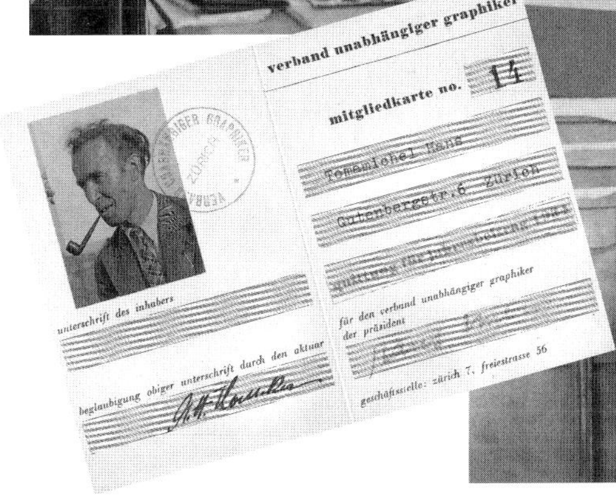

verband unabhängiger graphiker

mitgliedkarte no. 14

Tomamichel Hans

Gutenbergstr. 6 Zürich

unterschrift des inhabers

beglaubigung obiger unterschrift durch den aktuar

für den verband unabhängiger graphiker der präsident

geschäftsstelle: zürich 7, freiestrasse 56

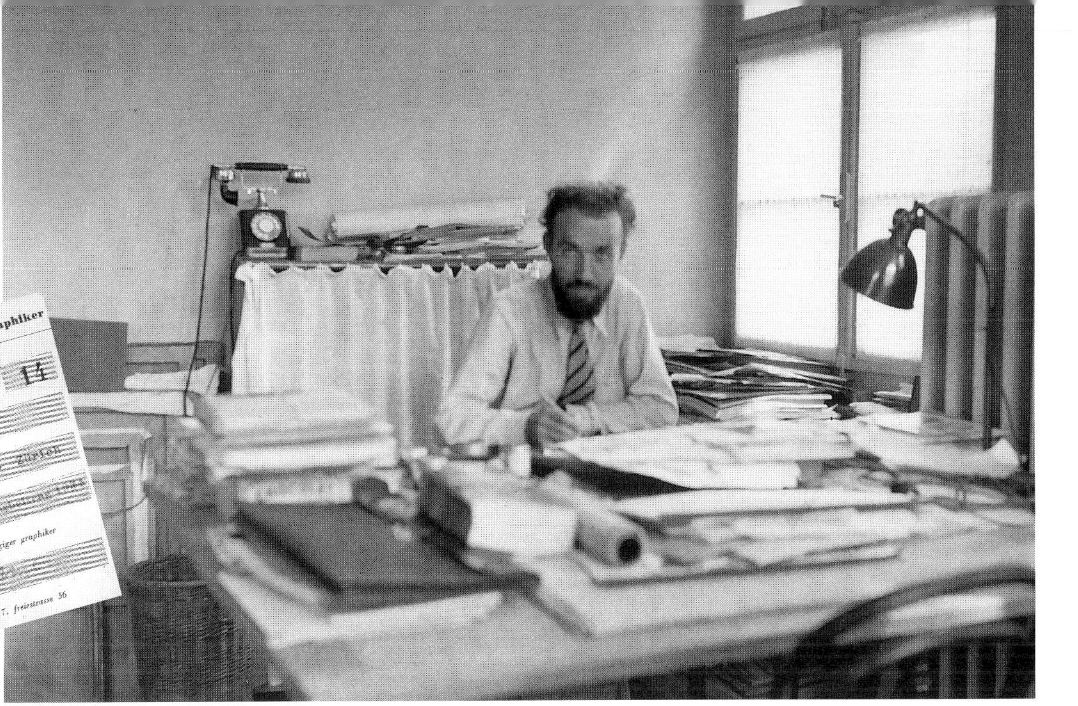

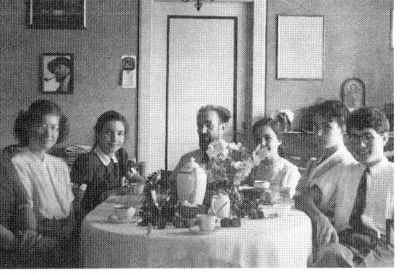

Kleine Geschichte einer Familien-Züglete vor die Stadt
Als das fünfte Tomamicheli seine Gehbeinchen entdeckte, besassen meine Frau und ich plötzlich zusammengerechnet nicht mehr genug Hände, um en famille spazieren zu gehen; und gar während der Wohnungssuche: Wenn wir so mit zu wenig Händen und scheinbar zu viel Kindern daherrudelten, begegneten uns lauter entsetzte Augen hinter knapp geöffneten Türspalten. Denn was ein stadtechter Wohnungsvermieter ist, der gäbe sein Volk lieber dem Aussterben preis, als seine Schwelle dem kannibalischen Getrippel einer kinderreichen Familie. Da wir aber in Wirklichkeit keine Kannibalen sind, haben wir darauf verzichtet, unsere Kinderlein wunschgemäss aufzufressen, sondern wir sind im Gänsemarsch vor die Stadt gezogen und wohnen jetzt herrlich und zufrieden in Kilchberg.
(Zügelanzeige: Von Zürich nach Kilchberg, 1941)

Ja, und dann folgten die Jahre von Familie und Beruf. Dem erfolgreiche Grafiker ging die Arbeit nie aus, nie musste er sich um die Kunden bemühen, alle seien sie zu ihm gekommen, die Zürcher Weinhandlung Ulmer & Knecht, Néstle, Knorr, Globus und Siebler, der Kanton Zürich und die Schweizerische Eidgenossenschaft, unzählige Autoren und Verlage, Kommissionen, kleine und grössere Firmen, zahllose persönliche Bekannten, die bei To ihre Ex Libris, Neujahrskarten, Verlobungs-, Hochzeits- und Geburtsanzeigen zeichnen liessen... - und immer wieder kamen Arbeiten „per cattolica», Zeichnungen für die katholische Kirche, die der Christ aus Überzeugung unentgeltlich machte. Ein Leben voller Arbeit, ein Leben immer mit dem Gedanken an das Richtige und Wahrhaftige vor den Augen, für sich und die andern...

Gleichzeitig, anders, jedoch nicht weniger intensiv und in gewissem Sinn auch kompromisslos verlief sein Leben in und für Bosco Gurin, wo die Familie seit 1934 ein eigenes Haus besass. Hier, im geliebten Heimatort, setzte er sich für die Erhaltung von Sprache, Kultur und Leben ein.

E poi vennero gli anni della famiglia e della professione. Al grafico di successo non mancò mai il lavoro, non dovette mai preoccuparsi dei clienti, tutti sarebbero venuti da lui, i commercianti di vini Ulmer & Knecht, Néstle, Knorr, Globus e Siebler, il Canton Zurigo e la Confederazione svizzera, innumerevoli autori ed editori, commissioni, piccole e grosse ditte, conoscenti personali che facevano disegnare da To i loro Ex Libris, i bigliettini di auguri, le partecipazioni per i fidanzamenti, i matrimoni, le nascite... e ripetutamente arrivavano i lavori «per cattolica», disegni per la chiesa cattolica, che il cristiano convinto faceva gratuitamente. Una vita piena di lavoro, una vita con il pensiero sempre rivolto al giusto ed al vero, per sé e per gli altri.

Contemporaneamente, in modo diverso ma non per questo meno intenso ed in un certo senso anche senza compromessi, proseguì la sua vita a e per Bosco Gurin, dove la famiglia dal 1934 possedeva una casa propria. Qui, nell'amato paese d'origine, si impegnò per la salvaguardia della lingua, della cultura e della vita.

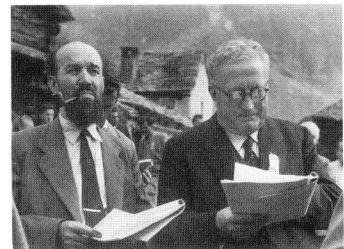

HTo mit Adolfo Janner 1953 (700 Jahre Bosco Gurin)

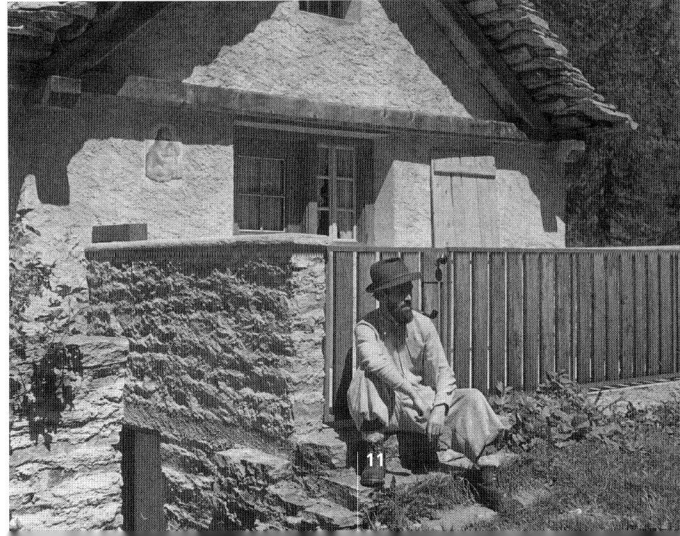

Ein Bruch im geradlinigen Leben Hans Tomamichels, trat ein, als die Kinder eines nach dem andern von zuhause auszogen. *Ich war zwei Wochen in Gurin und bin am letzten Montag nachts zurückgekehrt. Ich bewohnte unser Haus, in dem ich so viel Schönes mit Eurer Mutter und mit Euch allen erlebt habe. Allein dort zu wohnen ist nicht zu ertragen. (...) Ich glaubte immer, dass ich einmal Gurin noch lieben könnte, wenn keine Menschen dort seien, ich habe mich getäuscht. Ohne Euch kann ich nicht leben und auch nicht mehr lieben.* (HTo 13.8.1974)

Über den Verlust der eigenen Kinder tröstete das stete Wachsen der Enkelschar hinweg, die der Grossvater wie kaum ein anderer mit feinem Strich erfasste. Bis kurz vor seinem Tod zeichnete Hans Tomamichel - auch nach einer Streifung - unermüdlich weiter.

Wenige Monate nach dem Tod seiner Anny, starb Hans Anton Tomamichel im Altersheim im Ris in Zürich im Alter von 85 Jahren und wurde auf dem Friedhof von Bosco Gurin zu Füssen der von ihm gestalteten Pietà begraben.

Quando i figli, uno dopo l'altro, se ne andarono di casa, nella vita rettilinea di Hans Tomamichel si verificò una cesura. *Ero per due settimane a Bosco Gurin e sono tornato lunedì scorso nella notte. Mi trovavo nella nostra casa, dove ho vissuto così tante belle cose con la vostra mamma e con voi. Vivere lì da solo è insopportabile. (...) Pensavo sempre che avrei potuto amare Gurin anche se non ci fossero più state le persone, mi sono sbagliato. Senza di voi non posso vivere e neanche più amare.* (HTo 13.8.1974)

Venne consolato per la perdita dei figli dalla continua crescita della schiera dei nipoti, che l'ineguagliabile nonno ritraeva con tratto delicato. Hans Tomamichel continuò instancabile a disegnare fino a poco prima della morte, anche dopo che era stato colpito da un ictus cerebrale.

Hans Tomamichel morì a 85 anni, pochi mesi dopo la sua Anny, nella casa per anziani Im Ris a Zurigo e venne sepolto a Bosco Gurin, ai piedi della Pietà da lui stesso creata.

Die Gespräche mit Hans Tomamichel liefen häufig auf weltanschauliche und philosophische Themen hinaus, die er, in seiner überlegenen und überlegenden Ruhe Pfeife rauchend, mit seinen Besuchern behandelte und die für sie stets einen Gewinn bedeuteten.
(Kondolenzbrief Adolf Wirz, 17.4.1984)

So habe ich Hans Tomamichel kennen gelernt: in strahlender Einfachheit gepaart mit umfassendem Wissen und überragendem Können.
(Hans Rossi, Domherr in Chur, 2000)

È morto lontano dal suo sogno di pietra e di erba, lontano dai gorgolii dei ruscelli e delle fontane di Bosco Gurin, ormai appartenenti per lo più ai ricordi della sua lontana giovinezza. Hans Tomamichel si è spento in una clinica di Zurigo a 85 anni, forse sognando un ritorno in quel suo villaggio, oscillante fra pietre e nuvole, dal quale era partito quindicenne.
(Eros Constantini, Corriere del Ticino 18.4.1984)

1899-1914

Tema
Chi cosa farò quando sarò grande?

Quando sarò grande imparerò a far il pittore.
...... imparerò questo
...... io nei lontani
.... Guadagnerò
...... denari alla
...... il padre, ai fra-
...... nonne ed alle
...... verrò a casa
...... montagne a tirar
...... estate anderò alle
...... il fieno; ...
...
Bosco 3 Aprile 1907.

Kindheit und Jugend
Infanzia e giovinezza

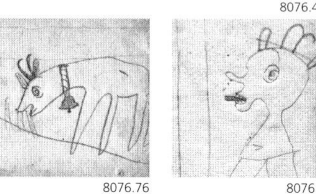

Giovanni Antonio beschreibt seine täglichen Beschäftigungen
Morgens um halbsechs stehe ich auf. Ich bete, wasche das Gesicht und die Hände, kleide mich ordentlich, studiere meine Lektion und frühstücke. Die Glocke läutet und ich gehe in die Schule, in der Schule mache ich das, was mir die Lehrerin befiehlt. Ist die Schule aus, kehre ich nach Hause zurück, nehme das Mittagessen ein, danach mache ich meine Aufgaben, wenn ich nichts zu machen habe, spiele ich mit meinen Brüdern. Die Glocke ruft mich, in die Schule zu gehen, ich höre nochmals den Unterweisungen meiner Lehrerin zu. Nach der Schule schreibe oder lese ich oder mache Zeichnungen oder Dinge als Maler. Nach dem Nachtessen studiere ich. Um neun Uhr gehe ich schlafen. (HTo 1909)

Und mancher wird sich fragen, wo sich der Teufel in dieser Kinderwelt versteckt

Giovanni Antonio descrive le sue occupazioni giornaglieri:
Alla mattina alle cinque e mezza mi alzo dal letto. Recito le orezioni, lavo la faccia e le mani, mi vesto ben in ordine, studio la lezione e faccio la colazione. Suona la campana e vado a scuola, in scuola faccio cosa mi comanda la signora maestra. Finita la scuola, torno a casa, mangio il desinare, dopo faccio il compito se non ho da fare, giuoco con i miei fratelli. La campana mi chiama di andare a scuola, ascolti ancora gli insegnamenti della signora maestra. Dopo la scuola, scrivo o leggo o faccio disegno o cose da pittore. Dopo cena mi metto a studiare. Alle ore nove vado a dormire. (HTo 1909)

E qualcuno si domanderà dove si nasconde il diavolo in questo mondo di bambino

Zwischen *Geissu* und Ave Maria:

Quando sarò grande imparerò a fare il pittore

Hans Tomamichel war etwa vier oder fünf Jahre alt, als er auf die leeren Blätter und zwischen die Zahlenreihen eines ausgedienten Rechnungs- und Notizbüchleins aus dem Jahr 1829 seine ersten erhaltenen Zeichen setzte. Da geht ein bärtiger Kopffüssler mit grossem Schritt und Zigarre im Mund über den Kolonnenstrich. Mit einer Linie fängt das Kind die grasfressende Ziege ein, schildert den Alpaufzug oder die Prozession des Jakobstags (25. Juli), an dem der Sarkophag des heiligen Theodors von der Kirche zur Kapelle Maria im Schnee getragen wird. Ein kleiner rauchender Teufel mit den typisch abgebogenen Hörnern der Gemse erscheint. Die Kühe haben pralle Euter, die Mutter steht an der Wiege, in den Bergen wird ein Hase gejagt und Vater und Sohn unter dem Christbaum tragen beide einen Hut und rauchen eine Pfeife.

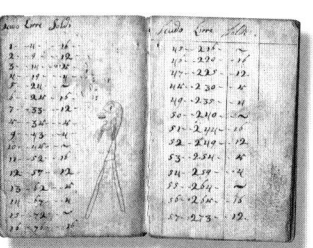

In die gleiche Zeit gehört die folgende, von Hans Tomamichel selbst erzählte Geschichte, die sich wie eine Legende anhörte, bezeugten Aufsätze des Schülers Giovanni Antonio nicht ihren wahren Kern. Als an einem Sommersonntag nach der Messe im Jahr 1903 oder 1904 die Männer wie gewohnt auf dem Kirchenvorplatz noch etwas plauderten, fragte ein Tessiner Künstler den kleinen Hansantuni, was er den werden wolle. «Ich will Maler werden!» - «Dann zeichne

I primi disegni di Hans Tomamichel di cui si ha testimonianza, eseguiti all'età di quattro o cinque anni, si trovano sulle pagine vuote e fra le colonne di numeri di un vecchio libro dei conti dell'anno 1829. Vi si vede un barbuto testone, che, a grandi passi e con il sigaro in bocca, cammina lungo le colonne. Con tratto preciso il bambino coglie la capra che bruca l'erba, descrive la salita all'alpe o la processione della festa di S. Giacomo, il 25 luglio, quando l'urna di San Teodoro viene portata dalla chiesa alla cappella di S.Maria della Neve. Da qualche parte spunta un piccolo diavolo fumante che ha le corna con la tipica curvatura del camoscio. Si vedono mucche con le mammelle rigonfie, una mamma vicino alla culla, la caccia alla lepre sulle montagne, padre e figlio sotto l'albero di Natale, entrambi con un cappello in testa e la pipa in bocca.

Risale allo stesso periodo la storiella, raccontata da Hans Tomamichel stesso, che potrebbe essere presa per una leggenda se non ci fossero, a testimoniarne la perlomeno parziale veridicità, i componimenti dello scolaro Giovanni Antonio. Una domenica d'estate, come d'abitudine, gli uomini si sono fermati a chiacchierare sul sagrato della chiesa. Un artista ticinese chiede al piccolo Hansantuni, cosa vorrebbe fare da grande. «Voglio diventare pittore!» «Allora fammi il

mich ab!» - Da zeichnete der kleine Künstler mit dem Finger das Profil des Fragenden in die Luft. - «Nicht Maler wirst Du werden, sondern Zeichner!»

In der Phantasie des Schülers wird das Malerleben vorweggenommen: *Der Maler malt Bilder und Zimmer.* (HTo 1907) *Der Maler ist ein Künstler.* (HTo 1908) *Nach der Schule schreibe oder lese ich oder mache Zeichnungen oder Dinge als Maler.* (HTo 1909) *Ich muss jeden Tag arbeiten, aber ich mache es gern im Gedanken, mit Gottes Hilfe ein guter Maler zu werden.* (HTo 1910)

Und er zeichnet und zeichnet, bevölkert die schmalen, langen Seiten seines ersten richtigen Skizzenbuches mit den Figuren seines Alltags, Hühnern und Ziegen, Schafen, Schweinen und Kühen. Die Mutter steht am offenen Herdfeuer und der Vater bringt einen Sack Kartoffeln nach Hause; einer zieht Heu über die Seite, eine Touristin mit Sonnenhut hätschelt ihr Hündchen und anderswo werden fliehende Tiere vom Felssturz überrascht. Im Bild des Sturms, der Regenschirme kehrt und Hüte wegwindet, zeigt sich Fabulierlust und verschmitzter Schalk. Er führt zeichnend Buch über die Gegenstände, Pflanzen, Tiere und Menschen seiner Umgebung, kopiert Katalogseiten, Bilder und Tiere aus entfernten Gegenden, ein enzyklopädisches Aufnehmen und Aneignen der Welt, der unmittelbar erfahrenen, sowie der durch Schule, Kirche und Bücher vermittelten fremden Welt. So entstehen die ersten Musterbücher, in denen die Bilder abrufbereit versammelt stehen. Fast alles, was in diesen kindlichen Büchern aufgezeichnet ist, findet sich in den Zeichnungen des Grafikers und Malers Hans Toma-

ritratto!» Con il dito a mezz'aria il bambino disegna il profilo dell'altro. «Non diventerai pittore ma disegnatore!»

La fantasia dello scolaro anticipa già la vita dell'artista: *Il pittore dipinge quadri e stanze.* (HTo 1907) *Il pittore è un artista.* (HTo 1908) *Dopo la scuola, scrivo o leggo o faccio disegno o cose da pittore.* (HTo 1909) *Devo lavorare ogni giorno ma lo faccio volentieri perché sono sempre col pensiero di riuscire coll'aiuto di Dio un buon pittore.* (HTo 1910)

E lui disegna e ridisegna, riempiendo le pagine strette e lunghe del primo vero blocco da schizzo con le figure della sua quotidianità: galline e capre, pecore, maiali e mucche. La mamma che sta accanto al focolare ed il padre che porta a casa un sacco di patate, qualcuno che rastrella il fieno, una turista col cappello che accarezza il suo cagnolino, animali in fuga che vengono sorpresi da una frana. Nel disegno della bufera, con il vento che fa rivoltare gli ombrelli e volar via i cappelli, si rivela uno scaltro burlone con tanta voglia di raccontare. Disegnando in continuazione egli registra gli oggetti, le piante, le persone del suo mondo, copia pagine di cataloghi, immagini ed animali di paesi lontani. In modo enciclopedico egli assorbe e fa propri sia la realtà più vicina che quanto giunge a lui attraverso la scuola, la chiesa, i libri. Nascono così i suoi primi «cataloghi», vere e proprie collezioni di immagini pronte all'uso. Quasi tutti i motivi raccolti da bambino si ritroveranno poi più tardi, rielaborati ed affinati, nei disegni del grafico e del pittore Hans Tomamichel. Addirittura i temi ed i pensieri dell'adulto sono già riconoscibili nel bambino.

8074

Übung für die Substantive
Die Kuh gibt uns Milch. Die Ziege macht uns das Gitzi. Das Schaf gibt uns Wolle und Lämmer. Die Hühner machen uns Kücken und Eier. Der Ochse brüllt. Der Adler frisst die Lämmer. Das Pferd wiehert. Die Katze miaut. Der Löwe knurrt. Der Kanarienvogel singt. (HTo 1907)

Esercizio sui Nomi
La vacca ci dà il latte. La capra ci fa il capretto. La pecora ci dà la lana e gli agnelli. Le galline ci fanno i pulcini e le uova. Il bue mugge. L'aquila mangia gli agnelli. Il cavallo nitrisce. Il gatto miagola. Il leone rugge. Il canarino canta.
(HTo 1907)

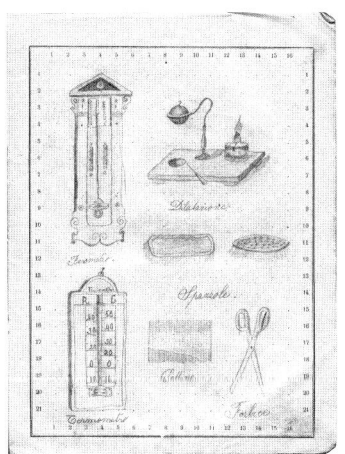

8075.31

Beschreibt, wie schön die christlichen Feste sind
Der erste Tag des Jahres ist ein grosses, schönes Fest für die Christen, es ist die Darbringung von Jesus Christus im Tempel. Weihnachten sind noch schöner, wir feiern die Geburt des Jesuskindes. Ostern ist der Tod und die Auferstehung des Jesuskindes. Wir haben alle Feste der Jungfrau Maria, die Geburt Marias, die Verkündigung, die unbefleckte Empfängnis und die Himmelfahrt. Das Fest des blg. Joseph, des blg. Johannes des Täufers, des blg. Petrus, Allerheiligen, das Fest des blg. Carlo Borromeo, des Patrons des Tessiner Bistums. Alle diese Feste feiern wir mir einer feierlichen Messe, es läuten alle Glocken, man schmückt die Kirche, das heisst die Altäre mit Blumen und schönem Zierrat. Wir Katholiken haben die gute Gelegenheit, während diesen heiligen Festen mit Demut die heilige Messe zu hören und die heiligen Sakramente zu erhalten, damit unsere Seele gerettet werde, um dann die ewige Herrlichkeit im Paradies geniessen zu können.
(HTo 1909)

Carlino und ds Chriedschiböimdschi
Carlino, der Musterknabe des Schulheftes, ist ordentlich, sauber, freundlich und höflich; er grüsst die Erwachsenen auf dem Weg, indem er die Hand an die Mütze hebt oder eine sanfte Verbeugung macht, er liest schon gut, weil er stets seine Aufgaben macht und d'Büaba im Dorf haben trotz des hehren Vorbildes Flausen und Streiche im Kopf: Wänn mar nüw grad d'Chrieschiböimdschi im See choman... Dann sind es nicht die hohen Bäume mit den kleinen Früchten, sondern die kleinen Bäumchen in den Gärten, jene mit den grossen, roten Kirschen. An diesen strichen wir vorbei, wia Büaba, waa en Tächter gaara hein unn `ru`s net wällan zeichu. - Wann sie dann reif waren, schlichen wir hin, füllten unsere Bäuche und die Hände, soviel wir tragen konnten. - Um zwei Wybtschi zu ärgern, fer dy z'arblaajan, siwar ga a Schnüar anama Chriedschiböimdschi penda. Nachts zogen wir am Seil, so dass es den beiden alten Frauen schien, ihre Kirschen würden gestohlen. Sie rissen die Fenster auf und die Steine kamen geflogen: «Iar varflüackte Briganta, iar selltat nech schama!» Und weg waren die Buben und lachten hinter der nächsten Hausecke, als sie sahen wie die zwei Wybtschi die Schnur entdeckten. So ist es mit den Kirschen in unserem Dorf, solange Kirschbäume wachsen: Däna, waa sch senn gsynn, dy beind schi terfi alüaga, unn di andru, waa gheini bein gha, hein schi cheni assa.
(HTo, Ds Chriedschiböimdschi, 1964,
Vgl. CD Hans Tomamichel)

Die Strausse leben in der Wüste, das heisst an Orten, die sich von den unsrigen unterscheiden, sehr heiss, sandig, kahl, ohne Bäume und ohne Gras.
(HTo 1908)

Schön ist unsere Schweiz, schön vor allem dort, wo immer der Winter herrscht.
(HTo 1909)

michel wieder, weiterentwickelt und ausgeschliffen, ja selbst die Themen und Gedanken des Erwachsenen finden sich in dieser frühen Zeit vorgezeichnet. Werde, der du bist! - Mit der Zeit verlässt der stets übende Schüler den kindlichen Strich, seine Zeichnungen werden immer präziser, prägnanter, erinnern in ihrer erstaunlichen Reife an Skizzen aus der Renaissance. Auf den Blättern erscheinen Maria, der auferstandene Christus und der heilige Antonius. Tag und Jahr sind eingebettet in den christlichen Kalender.- *Am Morgen, noch während der Nacht, läutet es zum Ave Maria.* (HTo 1910) *Ich gehe zur Messe, dort stehe ich gesammelt und bete für meine Eltern und für*

Diventa te stesso! Col passare del tempo e con il continuo esercizio lo scolaro abbandona il segno infantile, i suoi disegni si fanno sempre più precisi ed incisivi. Con la loro impressionante maturità, ricordano alcuni schizzi del Rinascimento.
Sui fogli appaiono Maria, il Cristo risorto e S. Antonio. Giorni e anni seguono il ritmo del calendario cristiano. *Al mattino, quando è ancora notte, suona l'Ave Maria.* (HTo 1910) *Vado a Messa, ove sto raccolto e prego per i miei genitori e per quelli che si occupano per la mia istruzione ed educazione e per tutti.* (HTo 1911) *Al Crocefisso noi troviamo la salvezza dell'anima.* (HTo 1909)

8072.21

8072.24

jene, die sich um meine Bildung und Erziehung bemühen. (HTo 1911) *Beim gekreuzigten Christus finden wir die Rettung der Seele.* (HTo 1909)

Wie eine bildhafte Legende liest sich die Geschichte «Musica del cielo» von Angela Musso-Bocca, die den jungen *Geissbüab* Tag für Tag mit seiner Herde vor Sonnenaufgang zur Alp ziehen, ihn immer neu von der Kraft des Sonnenlichts bezaubern lässt, das dämmerndes Grau in Silber und Gold verwandelt, bis ihn einmal von weit her nie gehörte, wunderbare Klänge erreichen, Klänge einer Musikkapelle vielleicht, die vom benachbarten Formazzatal auf geheimnisvolle Weise den Weg auf die Guriner Alp gefunden haben,

Si legge come una leggenda la storia «Musica del cielo» scritta da Angela Musso-Bocca. Giorno dopo giorno, prima del levare del sole, il pastorello sale all'alpe con le sue capre e giorno dopo giorno egli rimane incantato dalla forza della luce del sole, capace di trasformare in argento ed oro il grigiore dell'alba. Una volta, improvvisamente, giunge a lui un suono sublime, mai udito prima. Forse era il suono di una banda che, in modo misterioso, dalla vicina Val Formazza aveva trovato la strada per salire su fino alla Guriner Alp. Ma per Giovanni Antonio questa è musica del cielo. *Si snodava l'armoniosa marcia con battute felici d'esultanza, con fragori di note*

Descrivete come son belle le feste dei Cristiani Il primo giorno dell'anno è una gran bella Festa pei Cristiani, che ci rappresenta la Circoncissione di Gesù Cristo. Il Natale ancora più bello, noi festeggiamo la natività di Gesù Bambino. La Pasqua è la morte e la Resurrezione di Gesù Bambino. Abbiamo tutte le Feste di Maria Vergine, la natività di Maria, Annunciazione, l'Immacolata e Assunzione. La Festa di St. Giuseppe, St. Giovanni Battista, St. Pietro, la Festa di tutti i Santi, St. Carlo Borromeo, patrone della Diocesi Ticinese. Tutte queste Feste noi festeggiamo con Messa solenne, si suonano tutte le campane, si veste la Chiesa, cioè gli Altari di fiori e di bei ornamenti. Noi cattolici abbiamo la buona occasione in queste sante Feste, sentendo con divozione la St. Messa e ricevendo i St. Sacramenti per salvar la nostra anima e poi goder l'eterna gloria in Paradiso. (HTo 1909)

Carlino e il Chriedschiböimdsch
Carlino, il bambino modello del quaderno di scuola, è ordinato, pulito, amichevole e gentile; saluta gli adulti per strada alzando la mano al berretto o facendo un leggero inchino, legge già bene perché fa sempre i suoi compiti. Ma d'Buaba, i ragazzi in carne ed ossa del paese, nonostante questo buon esempio hanno in testa stupidaggini e scherzi: Wänn mar nüw grad d'Chriesschiböimdschi im See choman … Allora non sono solo i grandi alberi coi piccoli frutti, bensì anche gli alberelli nei giardini, quelli con le ciliegie grosse e rosse. A questi passavamo accanto, wia Büaba, waa en Tächter gaara bein unn 'ru 's net wällan zeichu. Quando erano mature, andavamo lì di nascosto, riempivamo le nostre pance e le nostre mani con tutto quello che ci stava. Per far arrabbiare due Wybtschi , fer dy z'arblaajan, siw-war ga a Schnüar anama Chriedschiböimdschi penda. Di notte tiravamo la corda in modo da far sembrare alle due vecchie donne che il loro ciliegie venissero rubate. Loro aprivano le finestre ed i sassi cominciavano a volare: «Iar varflüackte Briganta, iar selltat nech schama!» E i ragazzi scappavano via dietro l'angolo e ridevano quando vedevano che le due donnette scoprivano la corda. Fin che cresceranno ciliegi, sarà sempre così con le ciliegie nel nostro villaggio: Däna, waa sch senn gsynn, dy beind schi terfi alüaga, unn di andru, waa gheini bein gha, bein schi cheni assa.
(Cfr. CD Hans Tomamichel)

Gli struzzi abitano nei deserti cioè in luoghi diversi dai nostri, molto caldi, sabbiosi, aridi senza alberi e senza filo d'erba. (HTo 1908)

Bella è la nostra Svizzera, bella soprattutto là dove regna sempre l'inverno.
(HTo 1909)

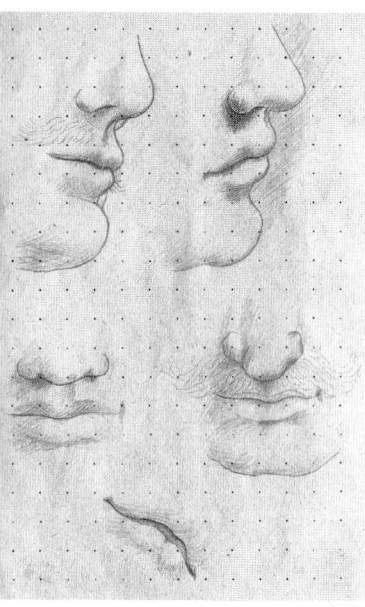

Vom Geruchsinn
Organ des Geruchsinns ist die Nase, deren Platz in der Mitte des Gesichts ist. Die Flügel der Nase sind aus Knorpel. Die Nase hat zwei Öffnungen der Nasenlöcher, durch welche der Geruch eintritt. Die Nasenlöcher werden durch eine Zwischenwand getrennt, welches Nasenscheidewand heisst. Die Nasenlöcher dienen auch zum Atmen. Wenn sie gereizt werden, machen sie niesen. Die Nase wird mit dem Taschentuch gereinigt. Die Nasenlöcher sind inwendig mit einer Membran überzogen, auf welcher die Geruchsnerven verteilt sind. Die Duftteilchen, welche sich von den Körpern gelöst haben, breiten sich in der Luft aus und indem sie in die Nasenlöcher eintreten, hinterlassen sie einen Eindruck auf der Membran und so riechen wir gute oder schlechte Gerüche. (HTo 1908)

Dell'odorato
Organo dell'odorato è il naso il quale è posto nel mezzo della faccia. Le ali o piume del naso sono cartilaginose. Il naso ha due aperture delle narici per le quali passana gli odori. Le narici sono divise da un tramezzo che si chiama setto. Le narici sevono anche per respirare. Quando vengono irritate fanno starnutare. Il naso va nettato col moccichino o pezzuola. Le narici sono internamente ricoperte di una mebrana sulla quale sono sparsi i nervi dell'odorato. Le particelle odorose staccandosi dai corpi si spandono nell'aria ed entrando nelle narici fanno impressione su tale membrana, e cosi noi sentiamo i buoni ed i cattivi odori. (HTo 1908)

für Giovanni Antonio jedoch Musik vom Himmel bedeuten. *Ein harmonischer Marsch schlängelte sich mit glücklichen, jauchzenden Schlägen, mit einem Krach kriegerischer Noten, mit wiederholtem Wechsel der Tempi von Piano, Forte und Fortissimo, einem Hosianna der Erzengel, während das Echo vom nahen Berg diese wunderbare Lawine nie gedachter, nie gehörter Töne gegen den Himmel lachte und die ganze Alp harmonisch erschüttert wurde.* (Angela Musso-Bocca, Le bruciate, S. 39) - Jahrzehnte später schiebt der arrivierte Grafiker ein Zettelchen ins Buch: «Musica nel cielo» - *Der war ich von dem geschrieben steht, ich war vielleicht 7 Jahre alt. Was geschrieben steht ist nur ein Schatten im Vergleich zu meinem Erlebnis.* (To)

Zwischen Ziegen und Ave Maria, so erschien die Welt dem kleinen Hansantuni, zeichnend fand er sich in ihr zurecht, zeichnend formte er sein Weltbild, zeichnend verliess er das Paradies seiner Kindheit und zeichnend kehrte sein Leben lang immer wieder dorthin zurück.

Wenn ich gross bin, werde ich Maler lernen. Wenn ich diesen Beruf erlernt haben werde, werde ich weggehen in ferne Länder und arbeiten. Ich werde Geld verdienen. Ich werde das Geld der Mutter geben, dem Vater, den Brüdern, der Grossmutter und den Tanten. Im Winter werde ich nach Hause zurückkehren, ich werde in die Berge steigen und das Heu hinunterziehen. Im Sommer werde ich den Tanten beim Mähen helfen. Ich werde dem Geld Sorge tragen. (HTo 1907)

marziali, coi ripetuti tempi del piano, del forte, del fortissimo che era un osanna di arcangeli, mentre la eco del monte vicino ridava al cielo quella miracolosa valanga di suoni, mai pensata, mai udita e tutta l'alpe ne era armonicamente scossa. (Angela Musso-Bocca, Le bruciate, S. 39) Decenni dopo, il grafico ormai famoso infila un bigliettino nel libro «Musica nel cielo». *Quello di cui si parla qui ero io, avevo forse 7 anni. Quel che c'è scritto è solo l'ombra di quello che ho provato veramente.* (To)

Capre e Ave Maria, così si rivelava la realtà al piccolo Hansantuni. Disegnando egli vi si orientava, disegnando egli dava forma alla propria concezione del mondo, disegnando lasciò il paradiso della sua infanzia e disegnando vi ritornò sempre lungo tutto il corso della vita.

Quando sarò grande imparerò a far il pittore. Quando avrò imparato questo mestiere andrò via nei lontani paesi a lavorare. Guadagnerò denari. Darò denari alla Mamma, al padre, ai fratelli, alla nonna ed alle zie. D'inverno verrò a casa, andrò nelle montagne a tirare il fieno. D'estate aiuterò alle zie a segare il fieno. Terrò d'acconto denaro. (HTo 4.4.1907)

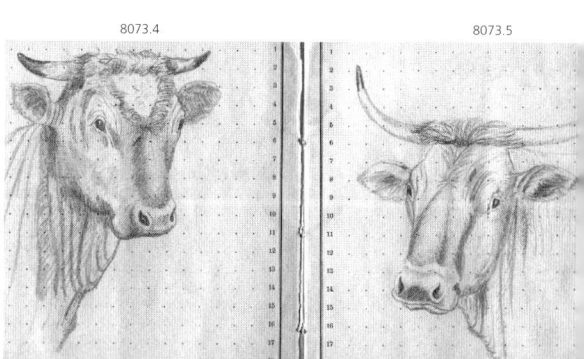

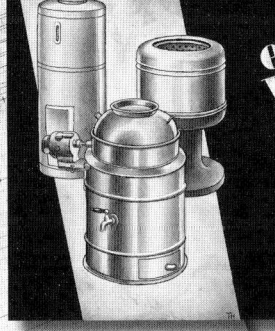

ZÜRICH

1914-1925

Lehre und Gewerbeschule
Apprendistato e scuola professionale

Dass die Söhne weggehen, ist selbstverständlich. Ich habe schon mit fünfzehn Jahren das Haus verlassen müssen. (HTo 28.4.1965)

Der Lehrmeister verpflichtet sich, den Lehrling human zu behandeln, allgemein erzieherisch auf ihn einzuwirken, ihn zu einem nüchternen Lebenswandel anzuhalten und nach Möglichkeit über seine sittliche Aufführung zu wachen. - Der Lehrling hat sich eines gesitteten Benehmens zu befleissen und alle Aufmerksamkeit auf die richtige Erlernung seines Berufes zu lenken. Er soll die Interessen seines Lehrmeisters nach Kräften wahren und in allen Geschäftssachen Verschwiegenheit beobachten. (Aus dem am 15. 7. 1915 unterzeichneten Lehrvertrag des Schweiz. Gewerbeverbandes)

È normale che i figli se ne vadano. Io ho dovuto lasciare casa mia già a quindici anni. (HTo 28.4.1965)

Il maestro di tirocinio si impegna a trattare l'apprendista con umanità, ad avere su di lui un influsso educativo, a spingerlo ad uno stile di vita sobrio e se possibile a vegliare sulla sua condotta morale. L'apprendista deve abituarsi ad un comportamento bene educato e deve concentrare tutta la sua attenzione sul corretto apprendimento della professione. Deve fare tutto il possibile per salvaguardare gli interessi del suo maestro di tirocinio e deve serbare la massima discrezione su tutto ciò che concerne il lavoro. (Estratto dal contratto di tirocinio dell'Associazione professionale svizzera firmato il 15.7.1915)

Glanzlichter, Schatten und Schraffuren

Ich bin mit einer gesunden Beobachtungskraft von meinen rohen Bergen in die Stadt hinunter gestiegen. (HTo an AK, 26.10.1924) - Die beiden Lehrmeister Melchior und Carl Annen, deren farbigen, vom Historismus geprägten Touristikplakate durch collageartige Anordnung einprägsamer Bilder bestechen, führen ihren fünfzehnjährigen Lehrling mit dem bereits geübten Auge in die Kunst grafischer Bildgestaltung ein. In der gewerblichen Fortbildungs- oder Fachschule besucht er den Unterricht in Deutsch, Rechnen, Buchhaltung und Zeichnen. Die Arbeiten aus dieser Zeit zeigen akkurat gestrichelte Objekte, Tiere und Menschen mit Detailstudien, wobei es der einfallsreiche Zeichner nicht lassen konnte, zwischen den Pferdebeinen ein Charakterköpfchen zu skizzieren und am Blattrand einer kleinen Kuh zu erlauben, aus dem Bild zu blicken.

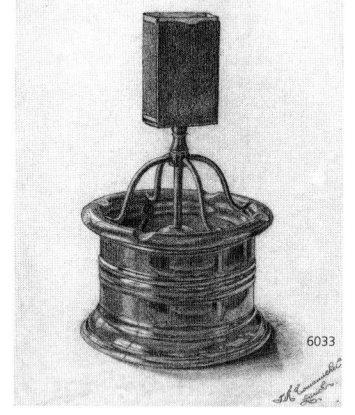

Luci, ombreggiature, tratteggi

Sono sceso dalle mie montagne verso la città dotato di un sano spirito di osservazione. (HTo 26.10.1924) L'apprendista quindicenne, dotato ormai di un occhio ben allenato, viene iniziato all'arte della composizione grafica dai due maestri di tirocinio Melchior e Carl Annen, autori dei vivaci manifesti turistici, influenzati dallo Storicismo, che traggono la loro forza dalla giustapposizione a mo' di collage di immagini pregnanti. Alla scuola professionale egli segue i corsi di tedesco, aritmetica, contabilità e disegno. I lavori di questo periodo rappresentano oggetti, animali, persone e studi di dettaglio tratteggiati con cura. Ma anche in queste composizioni l'inventiva del disegnatore non poteva resistere alla tentazione di schizzare una testa fra le zampe del cavallo o di permettere ad una piccola mucca di partecipare alla scena dal bordo del foglio.

Cirkus Hagenbecks grösste Tierdressur der Welt.
7. Die Vision aus dem Morgenlande
Weich wie auf Tennissohlen, mit langen vorgestreckten Straussenhälsen schlürfen in Freiheit dressiert, farbenbunt geschmückte Kamele beim Klange einer berückenden fremdländischen Musik vorüber wie eine Karawane, die durch das raschelnde Halfagras zum Grabe des Propheten gleitet. Der stolze Scheik Mangelud auf seinem Vollblutaraber „Scheberban" ist ihr Herr, von seinem Prunkgewande funkeln die sagenhaften Steine Arabiens.
(HTo, Notiz im christlich-sozialen Taschen-Kalender 1914)

Hans war ein wunderbarer Geschichtenerzähler, er flunkerte und flunkerte, trieb es weiter und weiter, um herauszufinden, wie weit er gehen konnte, bis es die Zuhörer merkten. (Alfons Della Pietra 2001) - *Er las Kriegsberichte und anderes aus der Zeitung vor, ging nahtlos im Vorleseton zur frei erfundenen Erzählung über...* (Leonhard Tomamichel 2001)

Il Circo Hagenbeck, i più grandi addestratori del mondo
7. La visione della terra d'Oriente
A passi felpati, come se camminassero con scarpe da tennis, con i lunghi colli da struzzo piegati in avanti, i cammelli con addobbi colorati, ammaestrati alla libertà, avanzano al suono di una musica affascinante e forestiera, come una carovana che scivola attraverso frusciante erba verso la tomba del profeta. L'orgoglioso sceicco Mangelud sul suo purosangue arabo «Scheberban» è il loro signore, sulla sua sfarzosa veste brillano le favolose pietre dell'Arabia.
(HTo, appunto nell'agenda cristiano-sociale 1914)

Hans era un fantastico narratore: raccontava frottole su frottole, esagerando sempre di più, per scoprire fino a che punto potesse andare, prima che l'ascoltatore se ne accorgesse. (Alfons Della Pietra 2001) *Egli leggeva a voce alta resoconti di guerra o altri articoli di giornale e poi continuava come se stesse leggendo raccontando cose inventate ...*
(Leonhard Tomamichel 2001)

Die schwarzen Porträts –
I ritratti neri

Während den Ferien zuhause nimmt sich der siebzehnjährige Grafikerlehrling die fotografischen Porträts der Verwandten vor, fühlt sich mit sensiblen Schattierungen in deren Wesen ein. Schwarz in Schwarz durchmodelliert erscheinen die ernsthaften Gesichter, die sich unter den zeichnenden Händen des jungen Verwandten öffnen. – Bei späteren Aufenthalten in Bosco greift der ausgelernte Grafiker zur Feder und hält die strickende Zwiesprache seiner kleinen Schwester Maria mit einer Freundin fest.

Durante le vacanze a casa, l'apprendista grafico diciassettenne si dedica ai ritratti fotografici dei familiari, cogliendo la loro personalità con sfumature molto sensibili. Appaiono volti severi, modellati in nero su nero, che sembrano aprirsi sotto le mani del giovane disegnatore. Anni più tardi, durante un nuovo soggiorno a Bosco, il grafico ormai formato prende la penna e fissa sulla carta la sorellina Maria che scambia confidenze con un'amica.

Stube von Elisabeth Della Pietra in Bosco Gurin, im Hintergrund eines der schwarzen Porträts.

Soggiorno di Elisabeth della Pietra a Bosco Gurin, sullo sfondo uno dei ritratti neri.

Aus einem Skizzenbuch aus den Jahren 1917-1920

Kunstvolle Faltenwürfe, Porträts von Heiligen und Verwandten in Bosco, Entwürfe für Kalenderbilder, eine Sammlung von Charakterköpfen von Gemälden hoher Kunst, schlafende Säuglinge, der Kirchturm von Bosco, Ställe, Ziegen und Geissbuben, vereinte Schönheiten neuster Mode - ein reiches Sammelsurium von Entwürfen und zusammengetragenen Vorbildern, von Wissenswertem und Erlebtem, Lemur und Steinbock und immer wieder Maria, die kleine Schwester...

Dal blocco degli schizzi degli anni 1917 - 1920

Artistici drappeggi, ritratti di Santi e di familiari a Bosco, progetti per le illustrazioni di un calendario, una raccolta di teste caratteristiche, tratte da opere dell'arte maggiore, neonati dormienti, il campanile di Bosco, stalle, capre, pastorelli, un gruppo di bellezze alla moda. Un ricco miscuglio di progetti e di modelli raccolti con solerzia, di cose buone a sapersi, di esperienze vissute, lemure e capricorno, e sempre di nuovo la sorellina Maria.

Anbei die verlangte Rechnung f. Heidelbeeren! 13. Okt. 1924: Für 13 kgr. Heidelbeeren à -.80, Fr. 10.40, abzüglich der Akontozahlung vom 7. Okt. 1924: Restbetrag Fr. 6.40. (HTo 13.10.1924, Rechnung für Heidelbeeren aus Bosco für die Confiserie française der Famile Kaiser in Zürich)
Mit dem ersten Zug von Moghegno bis Cevio. Von Cevio bis Cerentino mit der Bergpost. War das schön! Ein herrlicher warmer Wintermorgen so ganz allein... (HTo 26.12.1924)

In allegato la fattura richiesta per i mirtilli! 13 ottobre 1924: per 13 kg di mirtilli a -.80, fr 10.40, dedotto l'acconto del 7 ottobre 1924: importo rimanente fr 6.40. (HTo 13.10.1924, Fattura per mirtilli di Bosco destinati alla Confiserie Française della famiglia Kaiser a Zurigo)
Col primo treno da Moghegno a Cevio. Da Cevio fino a Cerentino col postale. Come era bello! Un fantastico e tiepido mattino invernale, tutto da solo... (HTo 26.12.1924)

Der Rattenfänger von Hameln und andere Figuren

Il pifferaio di Hameln ed altre figure

Ein kraftvoller Rübezahl, Kain und Abel im Kampf verbissen, was verheissungsvoll beginnt, nimmt ein abruptes Ende, als in der Gewerbeschule Hans Tomamichel eines Morgens seine Plastik, einen Froschkönig als Brunnenfigur, zerstört findet. Später stellt sich heraus, dass sein Lehrer mit einer Kopie einen Wettbewerb gewonnen hat. Erst Jahrzehnte danach modelliert der verhinderte Bildhauer feingliedrige Krippenfiguren für seine Kinder.

Der Rattenfänger bleibt eine Leitfigur im Leben Hans Tomamichels. Der Grafiker, dessen werbendem Strich Werbefigürchen und Kunden folgen - der Zeichner, der mit seinem Stift die Betrachter in seinen Bann zieht.

Il pifferaio di Hameln, che attirava i topi con le sue note, rimane una figura chiave nella vita di Hans Tomamichel, il grafico dal segno ammaliante che riesce a farsi seguire dalle sue figurine e dai suoi clienti, il disegnatore che con la sua matita riesce ad incantare chi lo osserva.

Un forzuto Rübezahl, Caino ed Abele concentrati nella lotta, quello che sembrava un inizio molto promettente finisce invece in modo brusco: alla scuola professionale una mattina Hans Tomamichel ritrova in frantumi una sua plastica, un re ranocchio destinato ad una fontana. Più tardi si scoprirà che il suo maestro ha vinto un concorso con una copia di quella scultura. Solo decenni più tardi lo scultore mancato riprenderà a modellare esili figurine per il presepio dei suoi figli.

0001

0099.1

0098

0098.a

4072

25

Silberkaffee und Einhornteigwaren

Die ersten kommerziellen Aufträge des ausgebildeten grafischen Zeichners entstehen in der Frühzeit der schweizerischen Werbung, *in ihrer Steinzeit, die zugleich wilder Westen war.* (Markus Kutter, S. 24) Von Titan Eier Cognac bis Einhornteigwaren: Eine Unzahl kleiner Firmen wollen ihre Produkte angepriesen haben, Markenartikel wie Maggi und Nestlé erobern sich mit ihrer Verbindung von *Erfinderstolz und Volkswohl* (Markus Kutter, S. 33) immer grössere Marktanteile. Der Werbegrafiker greift in seine Schatzkiste von angeeigneter Bildung und erübtem Formenschatz. Wesen aus Mythologie, Märchen und Volkskunde werben neben technischen Zeichnungen in wissenschaftlicher Genauigkeit für Kaffee, Bier, Haferflocken und Möbeltransporte.

Caffè «Silber» e pasta «Einhorn»

I primi incarichi commerciali del disegnatore con formazione di grafico coincidono con gli albori della pubblicità in Svizzera, con la sua *età della pietra, che nello stesso tempo era pure Far West.* (Markus Kutter, pag. 24) Dal cognac all'uovo «Titan» alla pasta «Einhorn»: una miriade di piccole ditte è intenzionata a pubblicizzare i propri prodotti, articoli di marca come Maggi e Nestlé conquistano porzioni sempre maggiori di mercato coniugando *l'orgoglio del pioniere con il bene della comunità.* (Markus Kutter, pag. 33) Il grafico pesca nel suo prezioso scrigno di conoscenze e di forme collezionate nel corso degli anni. Ditte di trasporto di mobili, caffè, birra, fiocchi d'avena vengono pubblicizzati da figure mitologiche, personaggi usciti dalle fiabe, eroi della tradizione popolare.

6027

6030

4097

4098

Die Reklame ist ja die Stätte des Frohsinnes, der Zuversicht, sie nennt nur vorzügliche und unentbehrliche Dinge, sie kann von keinem Übel sprechen, ohne nicht sofort ein Mittel zur Behebung desselben aufzuweisen.
(Victor Mataja, Die Reklame, 1909)

La pubblicità è il luogo della gioia, della fiducia, la pubblicità parla solo delle cose migliori ed indispensabili, non può citare niente di negativo senza indicare subito un antidoto.
(Victor Mataja, Die Reclame, 1909)

Lepontia Turicensis

In den Arbeiten für die Lepontia Turicensis offenbart sich die romantische Sehnsucht nach der Heimat, welche die jungen Tessiner in der fremden Deutschschweizer Stadt in Zirkeln Gleichgestimmter zusammenführte. Hans Tomamichel, selbst emigrierter Tessiner, legt sein eigenes Heimweh in die expressiven, zugleich wehmütigen und kämpferischen Bilder für die geistige Elite seines Kantons.

Nei lavori per la Lepontia Turicensis traspare la romantica nostalgia per la patria che spingeva i giovani ticinesi della città svizzero tedesca, terra straniera, a riunirsi in circoli di correligionari. Hans Tomamichel, egli stesso un emigrante ticinese, mette la sua propria malinconia in immagini espressive, nello stesso tempo tristi e battagliere, destinate alla élite intellettuale del suo cantone d'origine.

Lepontia Turicensis, Hans Tomamichel als einziger ohne Studentenkäppi

Lepontia Turicensis, Hans Tomamichel è l'unico senza berretto da studente.

Mit dem herzlichsten patriotischen und feurigen Tessiner Gruss verbleibe ich Euer Freund.
(HTo an M. Elzi, gegen Ende 1924)
Erinnerst Du Dich, wie die lebhaften Tessiner Lieder voller Schwung und italienischer Poesie angestimmt haben, wie sie die Lieder der Gondolieri des Luganer- und Comersees, von Venedig und Neapel gesungen haben. (...) Es waren Stimmen, welche unser Heimatland in Erinnerung riefen, das liebe und arme Tessin.
(HTo, Reminiscenze, 1.8.1925)

Con il più accorato, patriottico e caloroso saluto ticinese mi confesso Vostro amico.
(HTo a M. Elzi verso la fine del 1924)
Ti ricordi come i vispi ticinesi hanno intonato delle canzoni piene di brio e poesia italiana come le cantano i gondolieri sul lago di Lugano, di Como e di Venezia e Napoli. (...) Erano delle voci che rammentavano il paese natio, il caro e povero Ticino. (HTo, Reminiscenze, 1.8.1925)

PARIS 1925-1927

Jahre des Studiums
und der Ausbildung

*Gli anni
dello studio e
della formazione*

Ich in Paris?

Io a Parigi?

13002

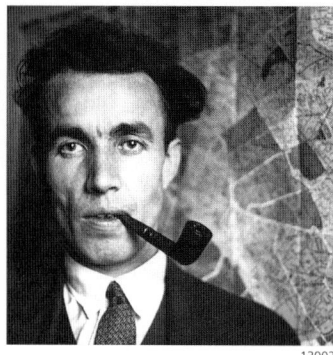

Paris ist ein Rummel, wie sollte sich ein ehemaliger Hüterknabe für so etwas begeistern können. Ich rede von dem, was ich bisher gesehen. Man sagt, die Pariserin sei schön! - Was heisst das? Schau! es kommt mir alles vor wie ein Schwamm, den man nur so zusammendrücken kann u. es bleibt nichts übrig als ein wenig parfümierter Staub. (HTo 4.3.1925)

Parigi è un rumoroso viavai, come potrebbe entusiasmarsi per qualcosa del genere un vecchio pastorello. Io parlo di quello che ho visto finora. Si dice che la Parigina sia bella! Cosa significa questo? Guarda! Tutto mi sembra come una spugna che si può storcere e non resta altro che un po' di polvere profumata. (HTo 4.3.1925)

2053.15

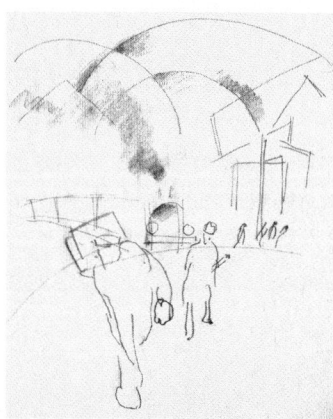

Aber hättest Du nicht Angst, so tief in die Erde hinunter , wo man schon etwas spürt von der Hölle? Die Métropolitain allein gibt schon so ein diabolisches Summen von sich u. auch ihr entfesseltes Fahren hat etwas Verwandtes.
(HTo 29.4.1925)

Ma non avresti paura tu, così in basso sotto terra, dove si avverte già qualcosa dell'inferno? La metropolitana stessa fa un ronzio che sembra diabolico ed anche il suo correre scatenato pare essere qualcosa del genere.
(HTo 29.4.1925)

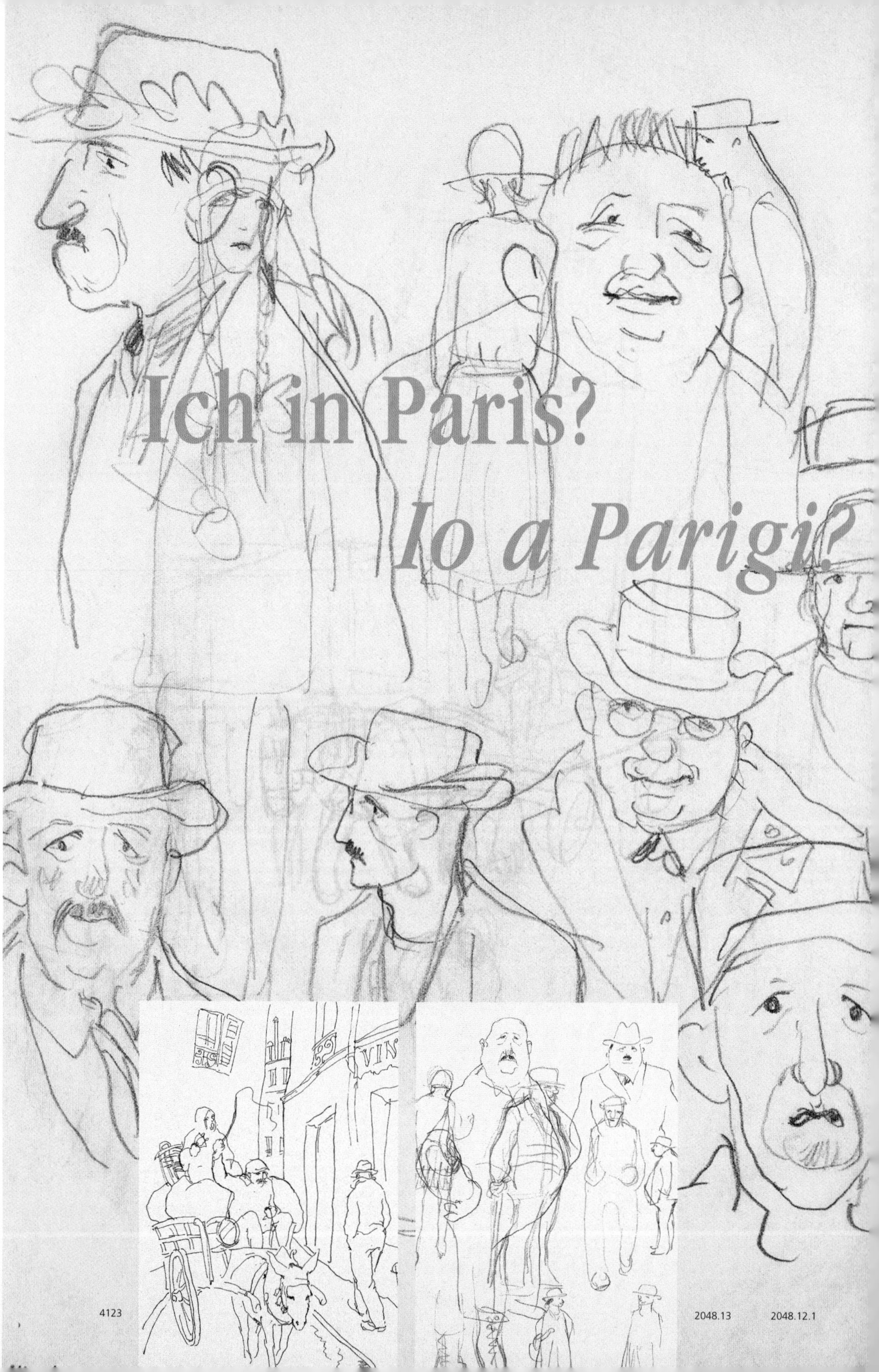

4123

2048.13

2048.12.1

Meine lb. Anny
Ich in Paris? - ist das möglich - Ja, es ist kein Traum.
Bin heute abend um 7 h. gesund und wohl hier angelangt. (...) Habe kurz nach der Ankunft einen kleinen Spaziergang gemacht durch le Boulevard de Magenta bis zum Place de la République um erste Eindrücke festzuhalten. (...) - Ich komme aus der Gare de l'Est - ein Surren wie eine Windeswelle, die unaufhörlich sich weiterpropagiert und nur durch das Klingen und Hupen der Autos u. Omnibusse unterbrochen wird. Schau! Der reinste Automarkt, da ist Zürich nichts dagegen. Und was habe ich gesehen von Paris - nichts! - Eine halbe Stunde Spaziergang durch die Magenta - und das ist auch alles. - -
Magenta - eine kurze Strecke bis zur Place de la République, aber trotzdem interessant für mich. Lautschreiende Zeitungsverkäufer, die ihre Ware feilbieten. -
Fast vor jedem Café sieht man Tischchen u. Stühle. Nicht selten, so einsam und verlassen ein schönes Pariser Strassenmädchen, dessen Blick Dich beim vorbeigehen fast verschlingen möchte - Sie wird warten bis so ein armer Mensch neben ihr Platz nehmen wird. Das ist Paris! Bettler, die Dir die Hände entgegenstrecken - Proletarier - Aristokraten - elegante Pariserinnen mit ihren Katzenaugen ziehen wie ein Film an mir vorbei.
(...) Empfange herzl. Grüsse von Deinem Hans (HTo 2.3.1925)

Cara la mia Anny
Io a Parigi? È possibile? Sì, non è un sogno.
Sono arrivato qui questa sera alle sette sano e salvo. (...) Poco dopo l'arrivo ho fatto una piccola passeggiata attraverso il Boulevard de Magenta fino alla Place de la République per raccogliere le prime impressioni. (...) Vengo dalla Gare de l'Est e sento un ronzìo, come un'ondata di vento che si propaga senza fine, interrotta solo dai clacson delle macchine e degli omnibus. Guarda! Un vero e proprio mercato di automobili, Zurigo non è niente al confronto. E cosa ho visto di Parigi? Niente! Una mezz'ora di passeggiata attraverso il Magenta, tutto qui.
Magenta, solo un pezzettino di strada fino alla Place de la République, ma interessante per me. Venditori di giornali che offrono la loro merce gridando.
Quasi davanti ad ogni caffè si vedono sedie e tavolini. Non di rado, sola e abbandonata, una bella ragazza di strada parigina. Quando le passi davanti il suo sguardo ti vorrebbe quasi divorare. Aspetterà fino a che un povero diavolo si fermerà vicino a lei. Questa è Parigi! Mendicanti che ti tendono la mano, proletari, aristocratici, eleganti parigine con i loro occhi da gatto passano accanto a me come in un film.
Con affettuosi saluti dal tuo Hans
(HTo 2.3.1925)

Meine lb. „Tusa"
(...) Schau ich achte die Frau und wenn es gerade ein Strassenmädchen ist.
Wie oft kommt es vor, dass man abends auf den Strassen von so einem Mädchen angehalten wird. Schau, so etwas regt mich gar nicht auf, im Gegenteil; ein tiefes Mitleid steigt in mir auf für solche arme Geschöpfe, die gar nichts anders kennen und vielleicht selber nicht Schuld sind von ihrem Elend. Unglücklich - tief unglücklich sind diese Menschen, das kann man schon aus ihrem fortwährend gezwungenen Lächeln schliessen, dem man auch «Weinen» sagen könnte.
«Ein Paar freundliche Worte und sie gehen von Dir weg» - (...)
Dein Nino
(HTo 26.3.1925)

Cara la mia «Tusa»
(...) Vedi, io rispetto la donna, anche se si tratta di una ragazza di strada.
Quante volte succede che la sera, per strada, si venga fermati da una ragazza del genere. Sai, questo non mi fa arrabbiare, al contrario, provo una grande compassione per questi poveri esseri che non conoscono nient'altro e forse non hanno nessuna colpa per la loro miseria. Sfortunate, profondamente sfortunate sono queste persone, questo lo si può capire già solo dal loro eterno sorriso obbligato, che si potrebbe anche chiamare «piangere».
«Un paio di parole gentili e si allontanano da te»(...)
Il tuo Nino
(HTo 26.3.1925)

2053.17

0087

Komm nach Paris, dann wirst Du sehen, wie schön es ist und wie man so an einem schönen Frühlingstag nur vor einer Bar Platz nehmen muss u. darauf die Tauben frisch gebacken in den Mund fliegen. Das ist drollig, dies mitzuerleben. Das reinste Schlaraffenland, so etwas hast Du weder in Rom noch in Bukarest gesehen. Der Italiener isst ja die Tauben bevor sie fliegen können u. der Bukarester bevor sie überhaupt Tauben sind. (HTo 29.4.1925)

Gestern war in Frankreich „la fête nationale", Erinnerungsfest an die Erstürmung der Bastille. An allen Ecken u. Winkeln auf offener Strasse wird getanzt; Alt u. Jung bewegte sich im Kreis u. liess die Beine schwingen.
Es hat schon am letzten Sonntag begonnen. Nicht weit von mir, etwas weiter oben, dem Montmartre zu von der Anvers bis zur Rome ist eine grosse „Chilbi", da ist Albisgütli nichts dagegen. Da verschleudern die leichtsinnigen Pariser wieder ihr Geld u. wie mancher ist nach diesen Festen ohne Geld geblieben. (HTo 15.7.1925)

Vieni a Parigi così vedrai com'è bello. In una bella giornata di primavera basta prendere posto davanti ad un bar che già ti volano in bocca i piccioni appena arrostiti. È un' esperienza buffa. È il vero paese della Cuccagna, una cosa del genere non l'hai vista né a Roma né a Bucarest. Gli italiani mangiano i piccioni ancora prima che sappiano volare e quelli di Bucarest ancora prima che diventino piccioni. (HTo 29.4.1925)

Ieri in Francia si festeggiava „la fête nationale", l'anniversario della presa della Bastiglia. Per strada si balla ad ogni angolo; giovani e vecchi si muovevano in cerchio e agitavano le gambe.
È cominciato già domenica scorsa. Non lontano da dove sto io, un po' più in alto, vicino a Montmartre, da Anvers fino a Rome è una grande giostra, l'Albisgütli non è niente al confronto. Ancora una volta questi parigini incoscienti buttano via i propri soldi e più d'uno è rimasto al verde dopo la festa. (HTo 15.7.1925)

Der nachdenklich sinnende Mensch, der in seiner schwermütigen Verlassenheit an die Artisten Pablo Picassos erinnert, erhält vor dem Hintergrund eines Briefzitats eine symbolhafte Bedeutung:
Ich fürchte Opfer u. Entbehrung nicht, ich will sogar, dass die Leiden mich soweit führen, um die tiefsten Tiefen des menschlichen Elends erfassen zu können u. dann von diesem Bade gereinigt umso rascher emporsteigen zu können.
(HTo 30.3.1927)

L'uomo in assorta meditazione, che con la sua malinconica solitudine ricorda gli artisti di Pablo Picasso, assume sullo sfondo di una citazione epistolare un significato simbolico:
Non ho paura dei sacrifici e delle privazioni, addirittura desidero che il dolore mi porti fino al punto di comprendere le bassezze più profonde della miseria umana, per poi risalire purificato ed ancora più in fretta da questo bagno.
(HTo 30.3.1927)

«Venez-voir mon château!»

Unzählige Bettler bewegen sich täglich auf den Strassen, am Mittagstisch u. überall und wird man von solch' unglücklichen Geschöpfen belästigt. Vor jeder Kirche Sonntag oder Werktag sind von morgen früh bis abends spät Bettler, die so ihr Brot verdienen.
(HTo 15.7.1925)

Neben dem grössten Luxus auch das tiefste Elend; neben dem grössten Reichtum, die tiefste Armut. Schauen wir uns einmal diese Arbeiter Baracken an, bei «Port Clignoncourt». Sie nennen sie «Pavillon» und dabei sehen wir nur ein mit Bretter zusammengestelltes Häuschen. Von der Reinlichkeit keine Rede! Hier ziehen die Wanzen Batallions-weise über die Wände, das alles ist sichtbar, für viele aber eine ganz angenehme, ja fast notwendige Gesellschaft.
Eine bessere u. grössere Baracke wird von diesen armen «Château» genannt.
«Venez-voir mon château!» und mit welchem Stolz dies noch ausgesprochen wird.
(HTo 18.4.1925)

Innumerevoli mendicanti girano ogni giorno per le strade, al tavolo di mezzogiorno o in qualsiasi altro posto e si viene importunati da questi esseri sfortunati. Davanti ad ogni chiesa, che sia domenica o giorno feriale, dalla mattina alla sera ci sono mendicanti che guadagnano il loro pane in questo modo.
(HTo 15.7.1925)

Accanto al più grande lusso si trova anche la miseria più profonda; accanto alla più grande ricchezza, la più profonda povertà. Guardiamo una volta queste baracche di operai presso il «Port Clignoncourt». Le chiamano «pavillon» ma non si vede che una casetta fatta di assi. Di pulizia non si può proprio parlare! Le cimici camminano sulle pareti a battaglioni, tutto questo si vede, ma per molti è una compagnia piacevole, quasi necessaria.
Una baracca un po' migliore e più grande viene chiamata da questi poveretti «Château».
«Venez-voir mon château», e con che orgoglio lo dicono.
(HTo 18.4.1925)

4107.a

Meine lb. „Tusa"
Noch etwas Lustiges.
So gehe ich jeden Tag zum Dejeuner u. zum Dîner. In dem einen Orte glaubte man mich an meinem Accent «Engländer» an einem andern «Türke». Ich bin es natürlich. Ich kann doch nicht sagen ich sei Franzose, das glaubten sie mir doch nicht u. als Ausländer ist es ja gleich ob Amerikaner od. Türke, bleibe ja trotzdem Schweizer.
Mit dem Essen bin ich zwar schon einige Male rein gepurzelt. So bestelle ich wieder etwas, wo ich nicht weiss, was es ist - - Da habe ich schon schwere Enttäuschungen erleben müssen, aber so merkt man sich die Wörter.
(HTo 26.3.1925)

8083

Cara la mia „Tusa"
Ancora qualcosa di divertente.
Ogni giorno vado fuori a pranzo ed a cena. Per via del mio accento, in un posto pensavano che fossi «Inglese», in un altro «Turco». Lo sono, naturalmente. Non posso certo dire di essere Francese, questo non me lo crederebbero e come straniero non ha importanza che si sia Americano o Turco, io resto Svizzero lo stesso.
Col mangiare ci sono cascato già un paio di volte. Spesso ordino qualche cosa, senza sapere cosa sia, così ho già dovuto subire pesanti delusioni, ma in questo modo ci si ricordano le parole.
(HTo 26.3.1925)

4119

Samstagnachmittag in Paris

Ein echter «Proli» arbeitet tüchtig eine ganze Woche (...) Die Uhr schlägt 1/4 12 Uhr; Tomi verlässt seine Bude, rennt den steilen Kalvarienberg seiner Haustreppe herunter und im Nu befindet er sich auf der Strasse mitten im Getriebe dieser Grosstadt. Ein Auto nach dem anderen saust an ihm vorbei einen mächtigen Lärm von sich gebend, aber sein Gehörsinn scheint nicht mehr so empfindlich zu sein. Er geht seinen Weg und achtet es kaum. (...) Zu drei sitzen sie am Mittagstisch. Fröhlich u. zufrieden erzählen sie sich die Erlebnisse der Woche (...), in ihrem Jugendeifer u. naiven Fröhlichkeit merken sie gar nicht, dass sie von den Anderen mit einem schiefen Auge beobachtet werden. «Ces sont des étrangérs» flüstert einer zum andern. Ich weiss nicht warum, gewiss, weil sie so fröhlich sind. (...) Nachdem sich Tomi noch ein Weilchen an seinem Pfeifchen ergötzt hat, ziehen sie aus. (...) In Paris gibt es eben so viele Möglichkeiten, so dass die Wahl oft sehr schwer fällt. Man sucht natürlich immer das Beste und Billigste zu wählen, um sich darnach keinem Ärger aussetzen zu müssen. - Auf die Strasse!

(HTo, 18.4.1925)

Sabato pomeriggio a Parigi

Un vero proletario lavora sodo tutta la settimana. L'orologio suona un quarto alle 12; Tomi lascia il suo bugigattolo, corre giù da quel calvario di una scala di casa sua e in un attimo si trova sulla strada in mezzo al viavai della grande città. Un'automobile dopo l'altra gli sfreccia accanto facendo un gran rumore, ma il suo udito sembra non essere più così sensibile. Va per la sua strada e non ci bada quasi. (...) In tre siedono al tavolo di mezzogiorno. Allegri e contenti si raccontano gli avvenimenti della settimana (...), col loro entusiasmo giovanile e con la loro ingenua allegria non si accorgono che gli altri li guardano storto. «Ces sont des étrangérs» bisbiglia uno all'altro. Non so proprio perché sono così allegri. (...) Dopo che Tomi si è goduto ancora un po' la sua pipa, se ne vanno. (...) A Parigi ci sono appunto così tante possibilità, che la scelta spesso risulta difficile. Si cerca naturalmente sempre di scegliere il meglio ed il più a buon mercato, per non doversi poi arrabbiare. In strada!

(HTo 18.4.1925)

Dialog
Herein, wer seid Ihr?
Es sind der Schmied, der Schneider, der Maler und der Maurer.
Mit wem habe ich die Ehre zu sprechen?
Die Ehre ist meinerseits.
Ich heisse Giov. Ant. Tomamichel.
(...)
Von wem seid Ihr geschickt?
Von Ihrem Freund Giuseppe. Kennt Ihr ihn?
Ja, Herr, wir sind sehr befreundet. Wie habt Ihr ihn kennengelernt?
Wir haben uns gefunden als wir zusammen in Paris arbeiteten.
(HTo 1912)

Dialogo
Avanti, chi siete voi?
Sono il fabbro, il sarto, il pittore ed il muratore.
A chi ho l'onore di parlare?
L'onore è mio. Mi chiamo Giov. Ant. Tomamichel.
Da chi siete mandati?
Dal vostro amico Giuseppe. Lo conoscete voi?
Sissignore, siamo molto amici. Come lo avete conosciuto?
Ci trovammo a lavorare assieme a Parigi.
(HTo 1912)

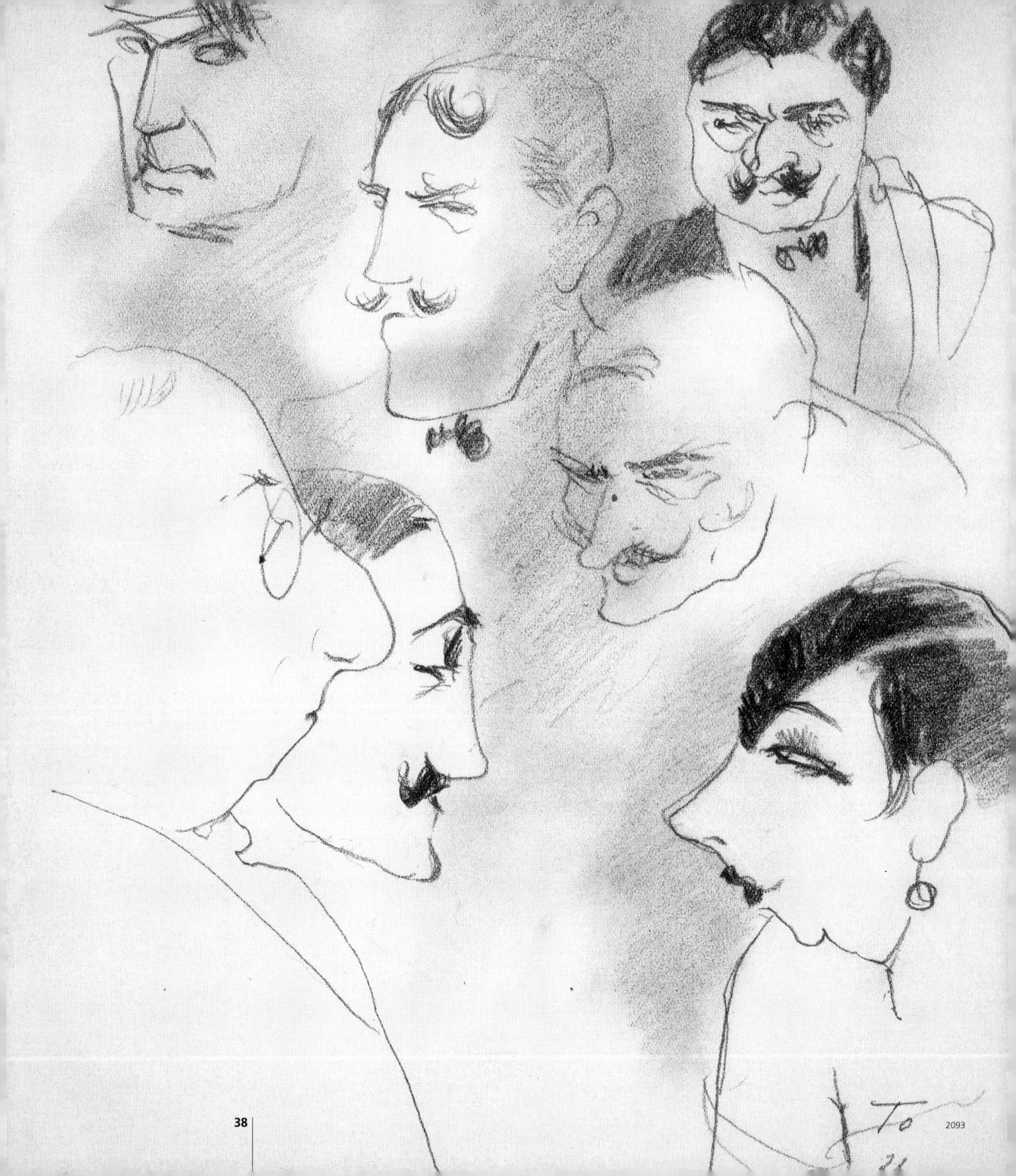

2093

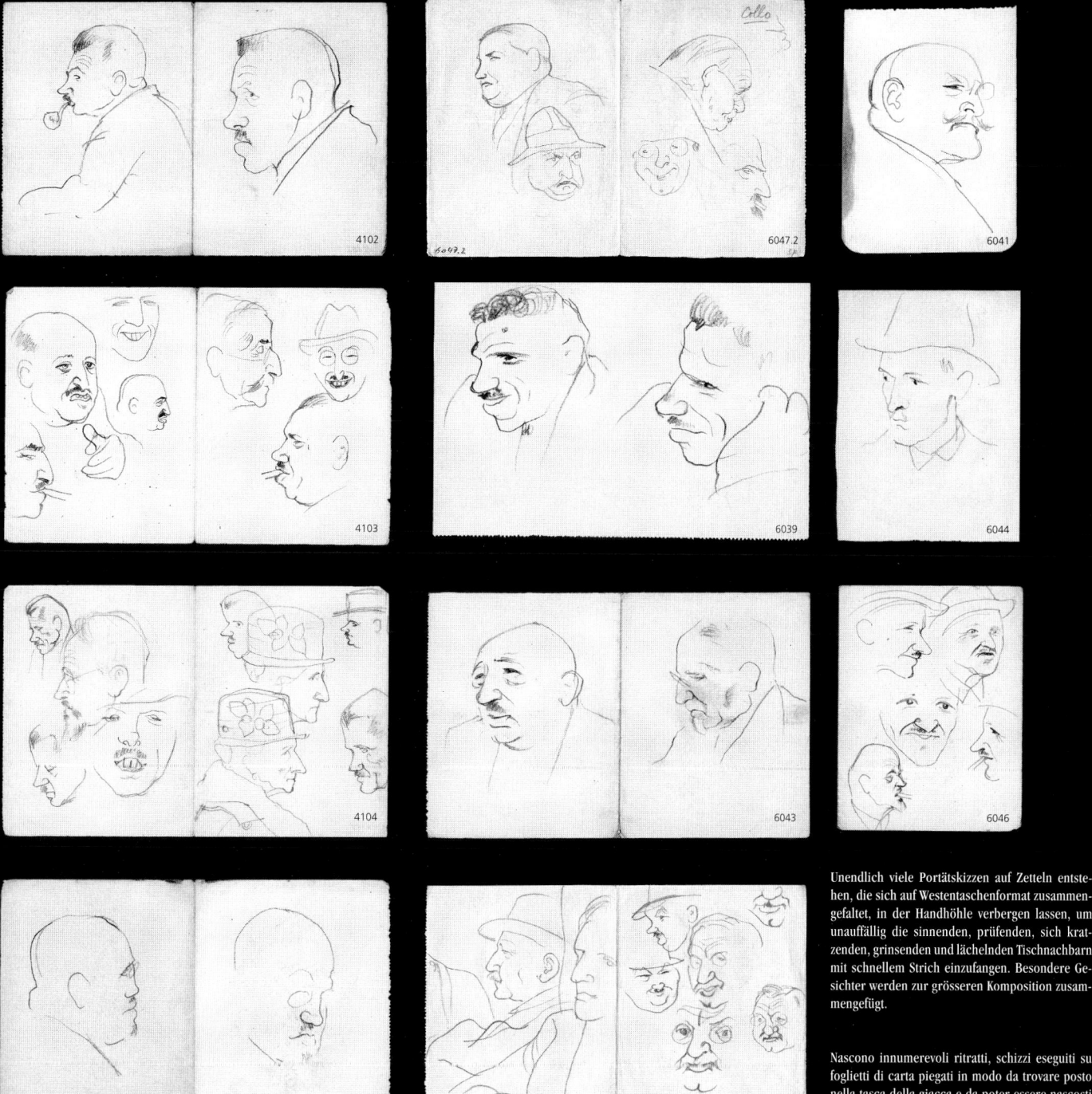

Unendlich viele Portätskizzen auf Zetteln entstehen, die sich auf Westentaschenformat zusammengefaltet, in der Handhöhle verbergen lassen, um unauffällig die sinnenden, prüfenden, sich kratzenden, grinsenden und lächelnden Tischnachbarn mit schnellem Strich einzufangen. Besondere Gesichter werden zur grösseren Komposition zusammengefügt.

Nascono innumerevoli ritratti, schizzi eseguiti su foglietti di carta piegati in modo da trovare posto nella tasca della giacca e da poter essere nascosti nel palmo della mano, così da riuscire a catturare con tratto veloce e senza dare nell'occhio i vicini di tavolo che almanaccano, osservano, si grattano, sogghignano, sorridono. I volti più singolari vengono riuniti in composizioni più grandi.

| 39

Moulin Rouge

Ich habe Paris gesehen, bin mitten im Gewühl drin... (HTo 29.4.1925)

Ho visto Parigi, sono nel bel mezzo del trambusto... (HTo 29.4.1925)

Besonders die «Etrangers», denen dieser Grossstadtbetrieb interessant vorkommt, wollen mit ihren Fuchsen-Augen alles ansehen, um sich dabei köstlich amüsieren zu können. (HTo 18.4.1925)

Soprattutto gli „Etrangers", ai quali il viavai della grande città sembra interessante, vogliono vedere tutto con i loro occhi da volpe, per potersi divertire di gusto. (HTo 18.4.1925)

Nicht etwa, dass ich mich plötzlich von Paris wegwünsche, ich weiss, was diese Stadt für mich bedeutet u. das genügt. (HTo 29.4.1925)

Non è che io vorrei essere lontano da Parigi, so cosa significa per me questa città e questo basta. (HTo 29.4.1925)

Kino und Varietés sind vielfach dazu angetan dem jungen Menschen seinen Lebensdurst zu stillen und ihn wieder von Neuem anzuregen. (HTo 18.4.1925)

Cinema e varietà sono spesso in grado di placare la sete di vita di un giovane e di fornirgli nuovi stimoli. (HTo 18.4.1925)

Im fiebrig offenen Strich offenbart sich die Lust des Zeichners, die Zwischenwesen der Pariser Nachtwelt und ihr Treiben aufzuzeichnen. Tanz, Musik, echte und käufliche Liebe. - Die Briefe an Anny sprechen von strenger Moral, ein offensichtlicher Widerspruch zwischen Strich und Schrift.

Nel tratto febbrile e libero traspare la voglia del disegnatore di catturare la vita e gli oscuri personaggi del mondo notturno parigino. Danza, musica, amore vero e amore mercenario. Le lettere ad Anny parlano di rigorosa morale, una chiara contraddizione fra disegno e scrittura.

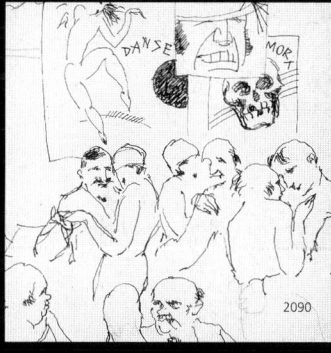

Das Grossstadt-Gewirr mit seinem Lärm übertönt dies alles u. mit einer fast faszinierenden Macht reisst es die Masse mit sich hinein in den giftigen Schlamm und ins Verderben. (HTo 29.4.1925)

La confusione rumorosa della grande città soffoca tutto questo e, con un potere quasi affascinante, trascina la massa con sé nel fango velenoso e nella perdizione. (HTo 29.4.1925)

Das Pariserwesen allein kann so mit einer Macht auf den Einzelnen einwirken, dass es wirklich schweren Kämpfen ausgesetzt ist. (HTo 11.3.1925)

Già la sola anima di Parigi può esercitare sul singolo una forza tale da costringerlo a lotte veramente dure. (HTo 11.3.1925)

Ich habe Paris gesehen, bin mitten im Gewühl drin, aber das wird mich erziehen u. fester machen. (HTo 29.4.1925)

Ho visto Parigi, sono nel bel mezzo del trambusto, ma questo mi educherà e mi renderà più forte. (HTo 29.4.1925)

DIE VERSUCHUNG DES HERRN CARMOSIN

VON JEAN CHEVROLET
ILLUSTRIERT VON H. TOMAMICHÈL
AUS DEM FRANZÖSISCHEN ÜBERSETZT VON KURT GUGGENHEIM

Aber im Gegensatz zu der hinterlistigen Frucht, welche Eva im Paradiese Adam anbot, vermögen die Äpfel der Madame Carmosin nur Gefühle höchster Moralität einzuflössen.

Ma, contrariamente al perfido frutto che Eva offrì ad Adamo in paradiso, le mele della signora Carmosin non ispirano altro che sentimenti della più alta moralità.

Als Krämer Carmosin, von Weinhändler Pignoux, diesem *Mephisto in Pantoffeln*, von dessen *langen und unschätzbaren Schilderungen seines Pariser Aufenthaltes* verführt, denn auch wirklich nach Paris reiste, nachdem er der sanftmütigen und geduldigen Dame Carmosin eine geschäftlichen Notwendigkeit vorgeflunkert hatte und nachts nach ausschweifendem Nachmittag in Gesellschaft einer zweifelhaften Dame namens Olympia einsam im Hotelzimmer auf dem Bettrand auf deren versprochenen Besuch wartete, stiess er in seiner Handtasche auf zwei Äpfel und ein „Billet doux" seiner Ehefrau und - übermannt von Heimweh und schlechtem Gewissen - kehrte stante pede zu Krämerladen und Ehefrau zurück.

Quando il bottegaio Carmosin, sedotto dal commerciante di vini Pignoux, questo *Mefistofele in pantofole*, e dai suoi *lunghi e impareggiabili racconti del suo soggiorno a Parigi*, se ne andò egli stessa Parigi, dopo aver fatto credere alla mite e paziente signora Carmosin di avere là impegni professionali, e poi di notte, dopo aver trascorso un dissoluto pomeriggio in compagnia di una dubbia signora di nome Olympia, da solo nella camera d'albergo, seduto sul bordo del letto, aspettava che lei venisse a trovarlo come promesso, trovò nella borsa due mele ed un dolce bigliettino di sua moglie e, sopraffatto dalla nostalgia e dal rimorso ritornò seduta stante a bottega e moglie.

Und so warf sich Herr Carmosin in die Ausschweifung. Er betrat wirklich sehenswerte Restaurants, wo man sich mit Zuvorkommenheit um seinen kleinen Bauch und sein dickes Portemonnaie bemühte, und wo er zu allem Überfluss noch die Bekanntschaft einer Dame, namens Olympia, machte.

E così il signor Carmosin si buttò nella dissolutezza. Entrò in ristoranti veramente degni di essere visitati, ove con premura ci si prendeva cura della sua piccola pancia e del suo grasso borsellino e dove lui, come se non bastasse, fece la conoscenza di una dama di nome Olympia.

In den Illustrationen für «Die Versuchung des Herrn Carmosin» von Jeanne Rychener alias Jean Chevrolet, einer der frühesten Arbeiten Hans Tomamichels für den «Schweizer Spiegel» Adolf Guggenheims, dem Vater der geistigen Landesverteidigung, findet der Zeichner die ideale Geschichte, in der sich seine eigene Pariser Verzauberung mit der Suche nach moralischen Leitlinien in einem einzigen Bild vereinigen kann.

Con le illustrazioni per «La tentazione del signor Carmosin» di Jeanne Rychener alias Jean Chevrolet, uno dei primi lavori di Hans Tomamichel per lo «Schweizer Spiegel» di Adolf Guggenheim, il padre del riarmo morale della Patria, al disegnatore viene offerta la storia ideale per condensare in un'unica immagine il suo incantesimo parigino e il desiderio di una guida morale.

"Strich"-Regenwetter — Zeichnung von H. Tomamichel

Die Unterwelt der Metropolitain — H. Tomamichel-Paris

Ganz anders als beim «Schweizer Spiegel» mit seiner merkwürdig fortschrittsgläubigen Rückbesinnung auf urschweizerische Verhaltensweisen, in dem sich *amerikanisches Kapitalistenethos mit demokratischer Gemeindefreiheit, Reklame und Schwyzerdütsch* (M. Kutter, S. 81, 82) mischt, handelt es sich bei der Münchner Zeitschrift «Die Jugend» um *ein zeitkritisches Organ junger Literaten und Künstler, deren Programm über eine neue Aesthetik (Jugendstil) hinaus auf politische und gesellschaftliche Reformen zielte.* (Brockhaus 1970) Versehen mit humoristischen, auch anzüglichen Bildlegenden, erhalten die Zeichnungen Hans Tomamichels einen ganz anderen Sinn als vor dem Hintergrund seiner Briefe an Anny Kaiser.

A differenza dello «Schweizer Spiegel», *con la sua strana mescolanza di fede nel progresso e ritorno ai valori di una «svizzerità» primitiva, ove convivono ethos capitalistico americano ed autonomia comunale, pubblicità e «Schwyzerdütsch»,* (M. Kutter, pag. 81,82) la rivista «Die Jugend», edita a Monaco, assume un ruolo critico. *Vi partecipavano giovani letterati ed artisti, il cui programma, al di là di una nuova estetica (Liberty), mirava a riforme politiche e sociali.* (Brockhaus 1970) I disegni di Hans Tomamichel, forniti di didascalie umoristiche o addirittura piccanti, assumono un significato completamente diverso da quello che traspare dalle lettere a Anny Kaiser.

Auch zu der Münchner „Jugend" haben mich andere dazu aufgefordert; ich wollte nicht, da ich meinen Arbeiten nicht diesen Wert zutraute u. nun ersucht mich die Redaktion immer um neue Skizzen. Jede dieser Zeichnungen lasse ich mir mit 50 Mk. honorieren.
(HTo 12.4.1927)

...und es ist in Paris, wo er seinen so nervösen und trockenen und schneidenden Strich entwickelt hat. Er arbeitete als Zeichner für humoristische und sartirische Zeitschriften von europäischem Ruf wie den Simplicissimus oder die Jugend.
(Illustrazione ticinese Mai 1934)

Anche nel caso della „Jugend" di Monaco sono stato spinto da altri; io non volevo perché non avevo abbastanza fiducia nel valore dei miei lavori ma ora la redazione mi richiede sempre nuovi schizzi. Mi faccio pagare 50 marchi per ognuno di questi disegni.
(HTo 12.4.1927)

...ed è a Parigi che ha sviluppato quel suo tratto così nervoso e asciutto e tagliente. Collaborò come disegnatore a riviste satiriche e umoristiche di fama europea, come il Simplicissimus e la Jugend.
(Illustrazione ticinese Maggio 1934)

Liberté, fraternité, egalité

2053.14

Ich denke oft an Sodoma und Gomorrha. Ist es heute etwa besser als damals?
«Gottes Mühlen mahlen langsam, aber fein.» Der grosse Weltkrieg hat grosse u. tiefe Wunden geschnitten und grosses Leid verursacht. Aber wie viele haben diese Leiden verstanden?
Hätten wir diese schreckliche Macht verstanden, es würde heute anders stehen um unsere arme Europa.
Die alte Königsburgen «Palais Royal» die «Tuilerien», Louvre und die Champs-Elisées stehen heute noch vor uns und murmeln ein altes Lied. Ein Königreich sahen sie stürzen, den König zum Tode verurteilen. Wie ein wildes Tier war der Pöbel herabgesunken zu einer tiefen Stufe u. wollte keine Autorität mehr anerkennen.
«Liberté» schrie man laut und mit diesem schrecklichen Ruf, füllten sich die Strassen, füllten sich die Hallen, und Würgerbanden zogen umher.
Da werden Weiber zu Hyänen
Und trieben mit Entsetzen Scherz.
Der Sturm hat sich gelegt. Jahrzehnte sind verstrichen, aber der Mensch ist der gleiche geblieben. Kunst, Literatur u. Technik haben grosse Triumphe gefeiert, den Menschen ins Staunen versetzt, aber das alles hat ihm das Leben nur bequemer gemacht. Wo ist die Freiheit die man sucht? Noch heute schallt dieser Ruf vom Munde des Knechts, aber er wird weiter schallen.
Diogenes konnte mit seiner Laterne am hellen Tag wieder Menschen suchen gehen, wer weiss ob er noch solche finden würde.
(HTo 18.4.1925)

2048.8

Manche Briefe lesen sich wie Bildlegenden. Durch sie werden die einzigen thematischen Kompositionen – Ideenskizzen zu nie ausgeführten, kritischen Bildern – in die persönliche Gedankenwelt des in Paris über Gott und die Welt grübelnden Künstlers eingebunden.

Alcune lettere si leggono come le didascalie di illustrazioni. Questi scritti permettono di integrare composizioni tematiche e schizzi preparatori per immagini critiche poi mai realizzate nei pensieri dell'artista, che durante il soggiorno parigino riflette su fondamentali questioni esistenziali.

2048.7.1

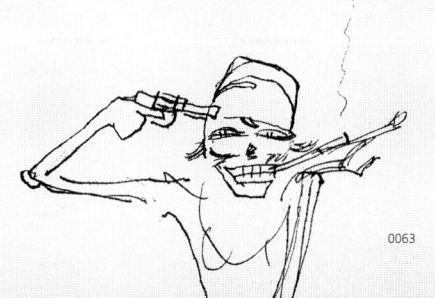

Pax Eterna

Das Abendland
L'Occidente

Mi trovo spesso a pensare a Sodoma e Gomorra. Forse che oggi è meglio di allora?
«Le macine di Dio macinano lentamente, ma fine». La grande guerra mondiale ha inferto ferite grandi e profonde e provocato grande sofferenza. Ma quanti hanno capito questa sofferenza? Se avessimo compreso questa potenza spaventosa, la nostra povera Europa si troverebbe oggi in un'altra situazione.
I vecchi castelli reali di «Palais Royal», le «Tuileries», il Louvre e i Champs-Elisées si trovano ancora qui davanti a noi e mormorano una vecchia canzone. Hanno visto cadere un regno, condannare a morte il re. Il volgo era sprofondato ad un livello infimo come una bestia feroce e non voleva riconoscere più nessuna autorità.
Si gridava forte «liberté» e con questo urlo spaventoso si riempivano le strade, si riempivano le sale, bande di assassini andavano in giro.
Così le donne diventano delle iene.
Si davano allo scherzo con ribrezzo.
La tempesta si è calmata. Sono trascorsi i decenni, ma l'essere umano è rimasto lo stesso. Arte, letteratura e tecnica hanno ottenuto grandi successi, hanno provocato la meraviglia degli uomini, ma tutto questo è riuscito solo a rendere loro la vita un po' più comoda. Dov'è la libertà che si cerca? Ancora oggi questo richiamo risuona dalla bocca del servo, ma continuerà a risuonare, Diogene poteva andare di nuovo a cercare esseri umani con la sua lanterna alla luce del giorno, chissà se ne troverebbe ancora.
(HTo 18.4.1925)

Erst dann wird der
Friedensbaum gedeihen.

L'albero della libertà
prospererà solo allora.

Zuerst die Van Gogh-Ausstellung u. darauf diese Reise durch die unendlich reiche franz. Landschaft. Diese Kornfelder in Gold, bestreut von zarten Mohnblumen, dieses Spiel von Farben, das sich ins Unendliche ausdehnen wollte, ich war einfach weg, ich war ein ganz kleiner Mensch angesichts dieser gewaltigen Grösse u. herrlichen Schönheit.
(HTo 19.7.1927)

Dapprima l'esposizione di Van Gogh e poi questo viaggio attraverso il paesaggio francese, così infinitamente ricco. Questi campi di grano dorati, cosparsi di papaveri, questo gioco di colori, che voleva espandersi all'infinito, io non esistevo più, io non ero che un piccolissimo uomo davanti a questa impressionante grandezza e meravigliosa bellezza. (HTo 19.7.1927)

Heute morgen ging ich schon früh fort, denn es war so ein herrlicher Sonntagsmorgen u. wanderte hinauf zu der Basilika „Sacre Coeur", auch Quesi Müller kam mit u. darauf unternahmen wir einen schönen Spaziergang u. nach dem Mittagessen ins „Bois de Vincennes". (HTo 11.9.1925)

Oggi sono partito già presto perché era una mattina domenicale veramente splendida e ho passeggiato fin su alla basilica del «Sacre Coeur». È venuto anche Quesi Müller e più tardi abbiamo fatto una bella passeggiata e dopo il pranzo siamo andati al «Bois de Vincennes».
(HTo 11.9.1925)

Belle-Ile-en-Mer et des autres excursions

Villa „Rose-Marine», Sauzon, Belle-Ile-en-Mer (Morbihan), à la sortie du port, après le phare, Jardins fleuris en terrasse sur l'océan, situation idéale, cuisine exquise, cave choisie... (Visitenkarte)
Empfindet der Grossstadt-Jüngling die oszillierende Vitalität als bedrohlich, sucht er für einige Tagen zeichnend Erholung in der französischen Landschaft, auf Belle-Ile-en-Mer in der Bretagne, in der Normandie oder auch nur gerade vor den Toren der Stadt. Hier findet er Ruhe und innere Freiheit. In der französischen Natur findet er gedanklich den Weg in die Schweiz. *Gestern war ich nicht in Versailles, sondern in St. Remie, eine Stunde vor Paris. Dort war es herrlich schön! Diese Landschaft erinnerte mich an die Schweiz u. ich ging auch nicht fehl, denn ganz in unserer Nähe war eine Ortschaft, die den Namen „Petit Suisse" trägt. So ruhig war es dort, oh ich freue mich auf die Schweiz!* (HTo 7.9.1925) - Manchmal bringt allein ein Gedanke an die Berge, ans Heimatdorf Bosco, den erwünschten Frieden. *Leichter wird es mir, wenn ich zurückdenke an meine lb. Berge, an die reine Natur, an meine schöne Jugendzeit; da kann ich wieder aufatmen, da fühl' ich wieder gesunden Urgeist in mir, den kein Grosstadtsturm verkehren kann.*
(HTo 11.3.1925)

Villa „Rose-Marine», Sauzon, Belle-Ile-en-Mer (Morbihan), à la sortie du port, après le phare, Jardins fleuris en terrasse sur l'océan, situation idéale, cuisine exquisé, cave choisie... (carta da visita) Quando il giovane si sente minacciato dalla vibrante vitalità della grande città, cerca di rinfrancarsi andando a disegnare per alcuni giorni nella campagna francese, a Belle-Ile-en-Mer nella Bretagna, in Normandia, o anche solo alle porte della città. Qui ritrova pace e libertà interiore. Nella natura francese ritorna con il pensiero alla Svizzera. *Ieri non ero a Versailles bensì a St. Rémie, a un'ora da Parigi. Era bellissimo là! Questo paesaggio mi ricordava la Svizzera e in fondo non mi sbagliavo, per-* ché nelle vicinanze vi era una località che si chiama «Petit Suisse». Lì era così tranquillo, oh sono così contento di tornare in Svizzera! (HTo 7.9.1925) A volte basta ricordare le montagne o Bosco, il paese d'origine, per ritrovare la pace anelata. *Per me è più facile quando ripenso alle mie amate montagne, alla natura incontaminata, alla mia bella gioventù; di nuovo riesco a respirare, di nuovo sento in me un sano spirito ancestrale che nessun tumulto cittadino può sconvolgere.* (HTo 11.3.1925)

In vollen Frühling, inmitten eines Waldes voller Gesang und Düften - Blumen - ein Paradies. Ich bin hier im alten Schloss Châteaubriand eingeladen. Ich wünschte, dass auch Du hier wärst. Bald werden wir uns wieder sehen. Liebe, zärtliche Grüsse und in Gedanken an Dich. Dein Hi. (HTo 12.4.1927)

In piena primavera circondato d'una foresta piena di canti, di profumi e fiori; un paradiso. Sono qui invitato nel castello antico di Châteaubriand. Vorrei che ci saresti anche tu. Ben presto ci rivedremo. Cari affetuosi saluti e col pensiero tutto a Tè. Tuo Hi. (HTo 12.4.1927)

47

Die Kollegen der Montmartre-Akademie
I colleghi dell'Accademia di Montmartre

In „Montmartre" habe ich eine Akademie entdeckt, weisst Du eine echte Montmartre-Akademie u. die möchte ich nebenbei etwas besuchen. Besonders interessieren mich die Menschen, die dort verkehren. Es ist doch wunderbar solche Menschen kennen zu lernen.
(HTo 30.10.1925)

A «Montmartre» ho scoperto un'accademia, sai, una vera Accademia di Montmartre e la vorrei visitare di tanto in tanto. Mi interessano soprattutto le persone che la frequentano. È magnifico fare la conoscenza di tali persone. (HTo 30.10.1925)

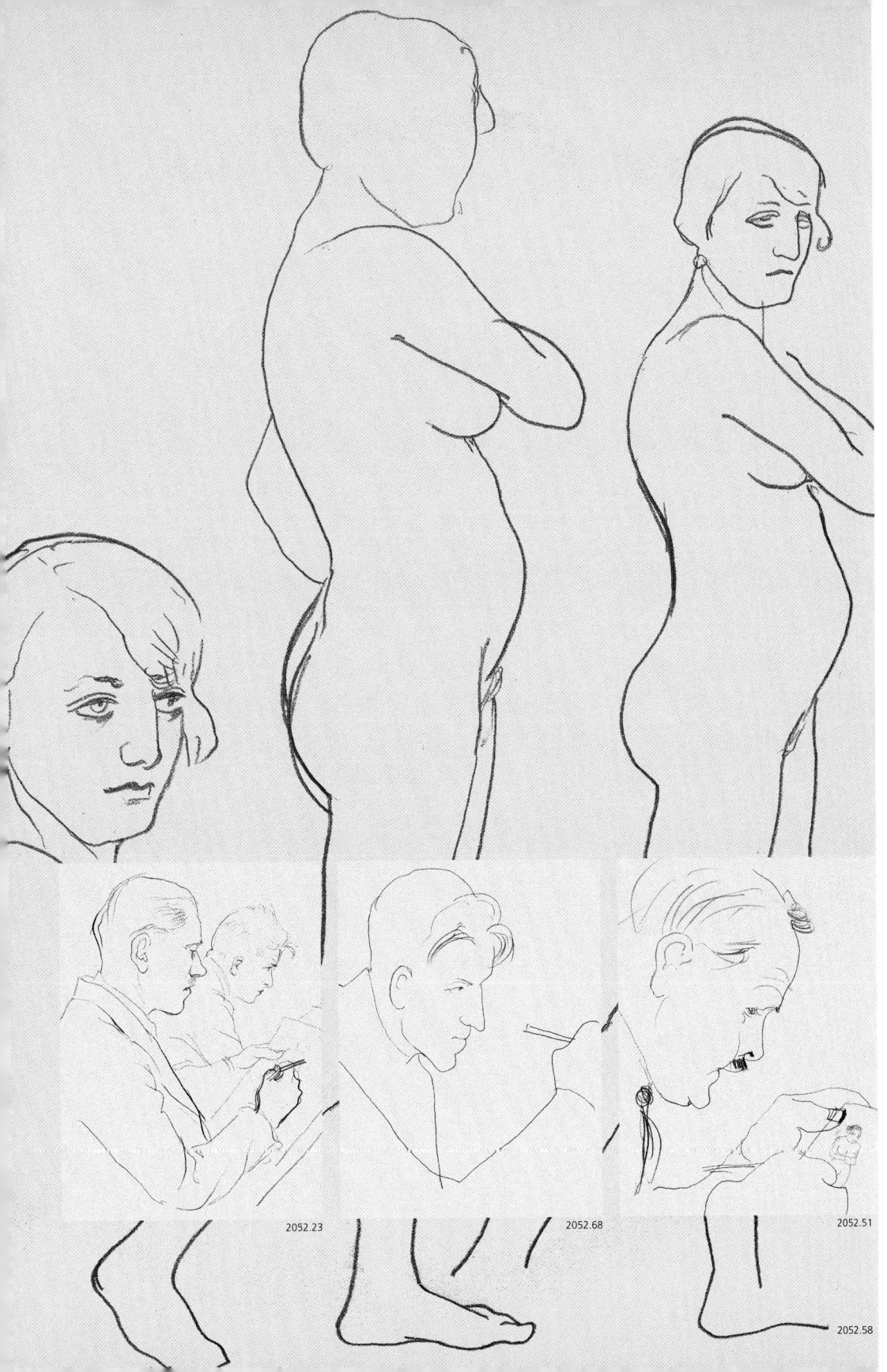

Das eigenartigste, was mir besonders drollig vorkam, ist, dass einige ihre Signaturen hinsetzen, bevor das Bild fertig ist, ungeachtet ob dasselbe auch misslingen sollte. (...)
Eigenartig ist auch wieder wie diese Leute grosszügig arbeiten, fast ein jeder hatte einen grossen Bogen auf einem Reissbrett aufgespannt u. benutzte dann die Staffelei.
Bei diesen grossen Formaten sah man auch recht gut, wie ihre Kunstwerke ausfielen, ich habe mich dabei köstlich amüsiert, ohne etwa meine Miene zu verziehen.
Andere wieder haben vor Beginn ihre Röcke ausgezogen u. die Hemdärmel zurückgelitzt, wie wenn ihnen ein Stierkampf bevorstehen würde; ich habe sie beobachtet u. gesehen, dass bei ihnen ihre Werke auch ziemlich stierkämpferisch herauskamen. Das alles habe ich dann gezeichnet u. das Modell hat mich sehr wenig interessiert.
Ich werde sehr wahrscheinlich wieder hingehen, denn ich denke, dass immer wieder neue Leute kommen.
Wenn möglich möchte ich noch andere Akademien aufsuchen u. zwar nur, um zu sehen, was für Menschen dort verkehren.
Künstler, berufen od. unberufen, sind und bleiben doch interessante Menschen.
(HTo 1.11.1925)

La cosa più strana, che mi sembrava particolarmente bizzarra, è il fatto che alcuni appongono la loro firma prima di finire il lavoro, malgrado che lo stesso potrebbe anche riuscire male. (...)
Strano è pure il fatto che questa gente lavora con abbondanza, quasi tutti avevano attaccato un grande foglio sulla tavoletta ed usavano poi il cavalletto.
Con questi grossi formati si vedeva molto bene come sarebbero diventati i loro capolavori, mi sono divertito un sacco, senza batter ciglio.
Altri prima di iniziare hanno tolto la giacca e rimboccato le maniche, come se dovessero affrontare una corrida; io li ho osservati e visto che anche i loro lavori avevano qualcosa di una corrida. Ho disegnato tutto questo e mi sono interessato molto poco al modello.
Probabilmente ci andrò di nuovo, perché penso che vengano sempre persone nuove.
Se possibile desidero visitare anche altre accademie, ma solo per vedere quale gente le frequenta.
Gli artisti, in gamba o no, sono e restano persone interessanti. (HTo 1.11.25)

Die Werbetrommel rühren: In Paris

Von den frühen illusionistischen Reklamen in Zürich bis zu den zeichenhaften Plakaten in Paris ist ein grosser Schritt. Die Trommlerbilder sind geometrische Umsetzungen der offenen, bewegten Trommlerzeichnungen, die als rasche Impressionen bei Varietébesuchen entstanden, in Kompositionen variiert und zu Werbezwecken vereinfacht wurden. Der gelb-schwarze Trommler veweist auf Fernand Léger und blickt Richtung Deutschland, zu Wassily Kandinsky und seinem Zeichenkurs am Bauhaus.

Battere la grancassa: a Parigi

Fra le prime pubblicità illusionistiche di Zurigo e i disegni dei manifesti di Parigi, vi è un grande passo. Le immagini dei tamburini sono frutto della trasposizione geometrica, ricomposizione e semplificazione a fini pubblicitari dei disegni schietti e vivaci eseguiti con tratto veloce durante le visite ai varietés. Il tamburino giallo e nero rimanda a Fernand Léger e sbircia in direzione della Germania, verso Wassily Kandinsky e il suo corso di disegno al Bauhaus.

Ich habe recht viel Arbeit u. wenn sich solche bietet, kann man sie nicht zurückweisen, denn sie gehört zur wichtigsten Existenzfrage.
(HTo 14.1.1926)

Ho veramente molto lavoro e quando questo viene offerto non si può rifiutare, perché ha una fondamentale importanza esistenziale.
(HTo 14.1.1926)

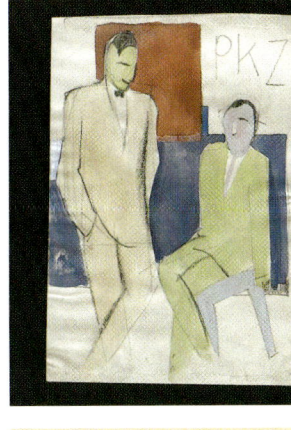

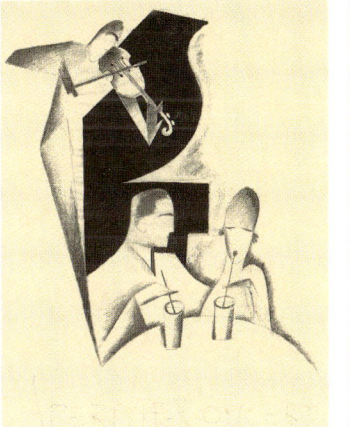

...und in Zürich

Arbeiten für den PKZ, das Konzert-Café Astoria, die Parfümerie Neuveville-Seilaz..., der Kontakt mit Zürich bricht während der Pariserzeit nicht ab. Besuche in der Schweiz dienen auch der vorsorgenden Kundenpflege: *Gar lange werde ich mich in Zürich nicht aufhalten können u. rechne mit dieser Gelegenheit einige Kunden zu besuchen u. sie zugleich vorzubereiten auf das, was ich nächsten Frühling mir vorgenommen habe.* (HTo 7.9.1925)

... e a Zurigo

Lavori per la ditta PKZ, per il caffè concerto Astoria, per la profumeria Neuveville-Seilaz..., anche durante il soggiorno a Parigi, il contatto con Zurigo non si interrompe. Le visite in Svizzera servono previdentemente a coltivare le relazioni con i clienti: *Non mi potrò fermare a Zurigo molto a lungo e conto su quest'occasione per visitare un paio di clienti e prepararli nel contempo a quanto ho intenzione di fare la primavera prossima.* (HTo 7.9.1925)

Am Anfang hatte ich Mühe, aber heute kann ich gut meine Ideen u. meine Reklame-Technik durchsetzen, um so mehr freut mich die Arbeit. Sobald ich Paris verlassen habe, werde ich noch mutiger an die Arbeit gehen. (HTo 1.7.1925)
Gestern habe ich Rolf Seilaz kennen gelernt u. das hat mir Freude gemacht; er ist ein sehr netter Mensch. Er kommt nächsten Mittwoch zu mir, um sich meine Arbeiten anzusehen.
(HTo 11.6.1926)
PKZ habe ich drei neue Entwürfe gemacht u. bin sehr gespannt darauf. (HTo 27.2.1927)

All'inizio facevo fatica, ma ora riesco bene a concretizzare le mie idee e la mia tecnica pubblicitaria, e così il lavoro mi fa ancora più piacere. Appena avrò lasciato Parigi, mi dedicherò al lavoro con ancora maggiore coraggio.
(HTo 1.7.1925)
Ieri ho conosciuto Rolf Seilaz e questo mi ha fatto piacere: è una persona molto gentile. Verrà da me mercoledì prossimo per vedere i miei lavori.
(HTo 11.6.1926)
Per PKZ ho fatto tre nuovi progetti ed al riguardo sono molto curioso. (HTo 27.2.1927)

Ich bin genug Zeichner u. ringe mehr Maler zu werden

(HTo 26.11.1925)

Ein Blick aus dem Pariser Zimmer: *Es will Abend werden! Ganz einsam bin ich hier in meinem Zimmer; meine Arbeit habe ich weggelegt und möchte abwarten, bis die Dämmerung sich leise hier einschleichen wird. Langsam deckt sie mit ihrem Schleier alles zu, bis es ganz dunkel ist.*
(HTo Plauderstündchen Juli 1925)

Uno sguardo dalla camera parigina: *Sta per scendere la sera! Sono qui nella mia camera tutto solo, ho messo via il mio lavoro e voglio aspettare fino a che il crepuscolo si intrufolerà qui in silenzio. Piano, piano copre tutto con il suo velo, fino a che tutto diventa scuro.*
(HTo Plauderstündchen Juli 1925)

Stillleben, Städtebilder und Porträts...- die Akademie des italienischen Bildhauers Colarossi, jene von Fernand Léger, eine Akademie auf dem Montmartre und weitere Kunstschulen öffnen dem Zeichner Hans Tomamichel die Türe zur Welt der Malerei und Kunst: *Zuerst war es die Farbe, darauf kam die Harmonie u. nun seine Seele mit dem Stoffe zu vereinigen suchen. Stelle diese drei Stufen aufeinander u. dann siehst Du, wie dies immer mehr Kraft u. Mut fordert, ja, Begeisterung auslöst um diese in Anspruch genommenen Kräfte im Gleichgewicht erhalten zu können.* (HTo 26.11.1925) Hinter den Bildern des Malers Hans Tomamichel schimmern jene der grossen Vorbilder durch: Georges Braque, Camille Corot, Paul Cézanne...

Als die warme Herbstsonne ihre letzten Strahlen über das unendliche Häusermeer warf u. die Kuppeln der Sacre Coeur in schimmerndem Gold färbte u. kaum versank; als ein leichter Nebelhauch die ganze Stadt in leichtem Blau tünchte, da stieg ich hinunter in die Unterwelt der Métropolitain.
(HTo 26.10.1925)

Quando il caldo sole autunnale gettava gli ultimi raggi sull'infinito mare di case e colorava di oro scintillante le cupole del Sacre Coeur, e poi tramontava; quando un leggero velo di nebbia immergeva tutta la città in un leggero azzurro, allora io scendevo nel mondo sotterraneo della metropolitana.
(HTo 26.10.1952)

Ich erinnere mich wie Du mir sagtest wie es schön sein sollte, am Sonntag miteinander hinauszugehen in die freie Natur u. auf der Leinwand festhalten, was unsere Seele erlebt u. gesehen hat.
(26.11.1925)

Mi ricordo come tu mi dicesti che sarebbe stato bello uscire assieme nella natura la domenica e fissare sulla tela quello che la nostra anima aveva vissuto e visto. (HTo 26.11.1925)

Sono già abbastanza disegnatore e cerco affannosamente di diventare più pittore

(HTo 26.11.1925)

Nature morte, immagini della città, ritratti... L'accademia dello scultore italiano Colarossi, quella di Fernand Léger, un' accademia a Montmartre e altre scuole d'arte aprono la porta verso il mondo mondo dell'arte e della pittura al disegnatore Hans Tomamichel: *Dapprima vi era il problema del colore, in seguito dell'armonia, ora di cercare di conciliare l'anima con la materia. Metti questi scalini uno sopra l'altro e così ti renderai conto che questo richiede sempre maggiore forza e coraggio, si, di quale entusiasmo si scateni nel voler mantenere in equilibrio le forze tirate in causa.* (HTo 26.11.1925) Dietro ai quadri del pittore Hans Tomamichel si intravedono quelli dei grandi modelli: Georges Braque, Camille Corot, Paul Cézanne ...

53

Visita a Bosco Gurin

Besuch in Bosco Gurin

Mit neu gebildeten Augen blickt Hans Tomamichel auf sein Heimatdorf in den Bergen. Schnell erfasst der Strich die altbekannten Gestalten in ihren alltäglichen Bewegungen, die Holzhäuser, Ställe und Wiesen leuchten wie von innen her, leicht ist der Himmel, schlank der Kirchturm. *Müame Lela und Urahne* blicken aus der Ferne unter ihren schwarzen Kopftüchern irgendwo und nirgends hin. - Nie mehr hat Hans Tomamichel später sein Dorf mit dieser Offenheit und Freiheit gesehen.

Hans Tomamichel ritorna al suo villaggio fra le montagne con occhi cambiati. Il tratto veloce fissa sulla carta i gesti quotidiani delle figure da sempre familiari; le case in legno, le stalle e i prati sembrano illuminarsi di una luce interiore, il cielo è leggero, il campanile svettante. *Müame Lela e Urahne* guardano da lontano sotto i loro fazzoletti neri, lo sguardo rivolto verso non si sa dove. Hans Tomamichel non riuscirà in seguito mai più a vedere il suo villaggio con questa schiettezza e questa libertà.

Anny Kaiser mit ihrem Verlobten, Hans Tomamichel,
in Bosco Gurin.
Anny Kaiser con il suo fidanzato, Hans Tomamichel,
a Bosco Gurin.

Ich habe gemalt: mein erstes Gemälde hier in Paris, ich bin befriedigt. Ich machte eine Kopie vom Antlitz Christi (v. G. Max), welches Du wohl auch kennst. Es gäbe ein schöner Zimmerschmuck. (...) (HTo 1.11.1925)

Ho dipinto: il mio primo quadro qui a Parigi, sono soddisfatto. Ho fatto una copia del volto di Cristo (di G. Max), che conosci anche tu. Potrebbe diventare un bell'ornamento per una camera. (...) (HTo 1.11.1925)

Anny Tomamichel-Kaiser

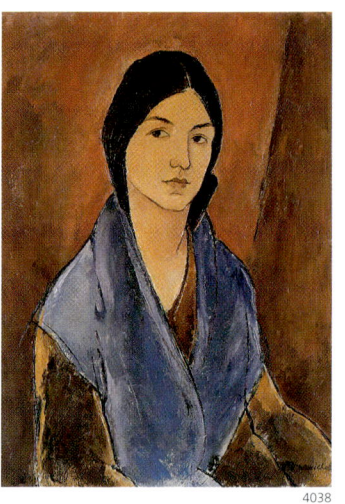

2020.1   4038

André Derain, Amedeo Modigliani... - *Ich bin mit einer gesunden Beobachtungskraft von meinen rohen Bergen in die Stadt hinunter gestiegen...* (HTo 26.10.1924) - genauso intensiv wie das pulsierende Grossstadtleben und die merkwürdigen Parisergestalten nimmt der Akademieschüler die vergangene und zeitgenössische Kunst auf. *Ich besuche viel die Museen wo ich auch sehr viel lernen kann.* (HTo 22.5.1925) Hans Tomamichel ist ein guter Schüler. *Man fängt doch schon an, meine Leinwand anzugucken u. wenn man so etwas beobachtet, da wird man frecher u. sicherer.* (HTo 9.12.1925) - Und er beginnt sich als Künstler zu fühlen: *Ein Künstler in Paris ist eben ein armer Künstler, der für seine Kunst lebt und nicht viel Geld besitzt.* (HTo 22.5.1925)

8023    0028    2006

Am Nachmittag bin ich in der Akademie u. werde dort Portraits malen. (...) Auf alle Fälle wird mir in Künstlerkreisen recht viel Anregung zuteil kommen u. mein Ehrgeiz ist ja gross genug, dass ich mich auch bemühen werde, mich ihnen gleichzustellen u. wenn möglich zu übersteigen. (HTo 1.11.1925)

Seitdem ich nun so arbeite, bin ich viel glücklicher... (HTo 26.11.1925)

Al pomeriggio sono all'accademia e qui dipingerò ritratti. (...) Nella cerchia degli artisti riceverò in ogni caso molti stimoli e il mio orgoglio è abbastanza grande da farmi sforzare a diventare come loro e se possibile a superarli. (HTo 26.11.1925)

Da quando lavoro in questo modo, sono molto più felice... (HTo 26.11.1925)

*...dass nächste Woche ein Negerknäblein Modell sitzen wird.
Stell Dir vor, ich habe dies nicht verpassen wollen, denn da bietet sich eine Gelegenheit etwas zu studieren.* (HTo Weihnachten 1925)

*...che la settimana prossima poserà come modello un ragazzino negro.
Immagina un po', non ho voluto perdermelo, perché qui mi si offre l'occasione di studiare qualcosa.* (HTo Natale 1925)

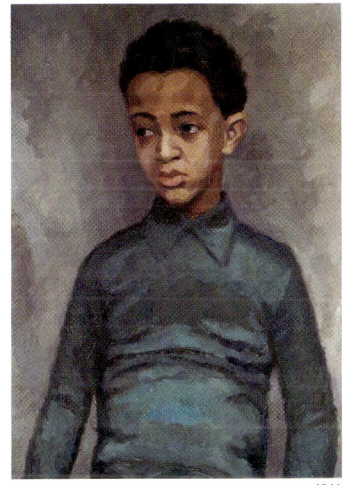

André Derain, Amedeo Modigliani... *Io sono sceso dalle mie rudi montagne verso la città dotato di un sano spirito di osservazione...* (HTo 26.10.1924) L'allievo dell'accademia assimila l'arte del passato e l'arte contemporanea con la stessa intensità con cui ha accolto la vita pulsante della grande città o le strane figure del mondo parigino. *Visito spesso i musei, anche qui posso imparare molto.* (HTo 22.5.1925) Hans Tomamichel è un buon allievo. *Cominciano già a spiare verso la mia tela e quando ci si accorge di qualcosa del genere, si diventa più sfacciati e più sicuri.* (HTo 9.12.1925) E lui comincia a sentirsi un artista: *Un artista a Parigi è ormai un povero artista, che vive per la sua arte e non possiede molti soldi.*

(HTo 22.5.1925)

*Diese Woche hatten wir wieder ein ganz interessantes Modell: einen alter Italiener. Er hat mir diese Woche seine Lebensgeschichte erzählt u. all das kann ich vereinigen mit meiner Arbeit.
Es ist rührend wie diese Leute ihr Leben lang gekämpft u. gelitten haben u. trotz allem, ihren guten Humor erhalten haben. Heute hat er uns „Santa Lucia" vorgetragen u. zwar noch so begeistert wie ein 25jähriger.
Er war schon in Amerika, England u. schon zweimal die Reise v. Rom nach Paris zu Fuss zurückgelegt.*
(HTo 14.1.1926)

*Questa settimana avevamo di nuovo un modello molto interessante: un vecchio italiano.
La settimna scorsa mi ha raccontato la storia della sua vita e io posso integrare tutto questo nel mio lavoro.
È commovente come queste persone abbiano lottato e sofferto per tutta la vita e nonostante tutto abbiano conservato il loro buon umore. Oggi ci ha interpretato «Santa Lucia», e lo ha fatto con l'entusiasmo di un venticinquenne.
È già stato in America, Inghilterra e ha già fatto due volte il viaggio da Roma fino a Parigi a piedi.* (HTo 14.1.1926)

57

Liebste!
Du hast wirklich recht, mir fehlt in vielen Sachen der Mut. In jeder Beziehung könnte ich weiter kommen, wenn dieser santo coraggio etwas tiefer in mir eingewurzelt wäre. Eigentlich bin ich erst hier in Paris etwas mutlos geworden. Erst hier sah ich nach u. nach u. immer mehr, dass ich zu nichts taugte, dass alles, was ich gemacht habe gleich Null war. (...) Im Grunde bin ich doch ein bisschen bequem (angeborene Schwachheit), deshalb ist es gut, vielleicht sehr gut, wenn ich diesen grossen Schritt in die Ehe wagen würde. Das Bequeme würde dann ersetzt mit ernsthaften Sorgen u. dazu hätte ich gewiss auch Talent gegen sie zu kämpfen. (...) Ich werde immer kritischer gegen mich selbst u. meine eigenen Arbeiten. (HTo 12.4.1927)

Meine Liebe
Ich baue u. zerstöre.
Es ist nicht einzig eine Wut, die zerstören will, die einen gewissen Genuss darin findet, nein es bereitet mir noch fortwährend Schmerzen, denn was ich suche ist nicht der Weg, sondern mich selbst. Ich suche mich, es ist so grausam dieses Suchen.
(HTo 30.3.1927)

Was liebt der Mensch mehr als sich selbst? - unbewusst. (HTo 29.11.1925)

Ich denke sehr viel über mich nach, vielmehr als in Zürich. (HTo 11.3.1925)

Carissima!
Hai veramente ragione, in molte cose mi manca coraggio. In tutti i sensi, io potrei andare molto più in avanti, se questo santo coraggio avesse in me radici più profonde. A dir la verità, è solo da quando sono a Parigi che sono diventato un po' pauroso. Solo qui, a poco a poco, mi resi sempre più conto di non essere buono a niente, che tutto quello che avevo fatto era uguale a zero. (...) In fondo sono un po' indolente (debolezza innata), per questo sarebbe un bene, forse un gran bene, se io osassi fare questo grosso passo verso il matrimonio. L'indolenza verrebbe sostituita da preoccupazioni serie e io avrei sicuramente il talento per combatterle. (...) Divento sempre più critico verso me stesso e verso i miei propri lavori.
(HTo 12.4.1927)

Mia cara
Io costruisco e distruggo.
Non è solo la rabbia, che vuole distruggere, che vi trova un certo piacere, no, questo mi procura un dolore continuo, perché quello che cerco non è il cammino, bensì me stesso. Io cerco me stesso, e questo cercare è così crudele. (HTo 30.3.1927)

Cosa ama l'uomo più di sé stesso? incoscientemente. (HTo 29.11.1925)

Rifletto molto su me stesso, molto di più che a Zurigo. (HTo 11.3.1925)

ZÜRICH

Alltag, Familie und Arbeit
Quotidianità, famiglia e lavoro

1927-1984

Hochzeit

Liebste!
Wirst Du lieb sein? - Wirst Du froh sein? Was wird auch alles sein? Frühling - Sonne - Freude - Glück - ! (HTo 24.4.1927) - Nach der Rückkehr von Paris heiraten Anny Kaiser und Hans Tomamichel am 15. Oktober 1928. Damit ist ein bewegte Zeit zur Ruhe gekommen und es beginnt eine neue Zeit, die Gründung der Familie und der Alltag des Zürcher Grafikers.

Il matrimonio

Carissima!
Sarai buona? Sarai allegra? Cosa ci aspetta? Primavera, Sole, Gioia e Fortuna! (HTo 24.4.1927) Dopo il ritorno da Parigi, Anny Kaiser e Hans Tomamichel si sposano il 15 ottobre 1928. Con questo finisce un periodo movimentato e ne comincia uno nuovo, la creazione della famiglia e la quotidianità del grafico zurighese.

Das - vielleicht unbewusste - Vorbild für die Hochzeitsanzeige, eine Kinderzeichnung, die Kopie eines wohl berühmten Liebespaares.

L'esempio - forse inconsapevole - per la partecipazione di matrimonio, un disegno fatto da bambino, la riproduzione di una ben famosa coppia di amanti.

Wenn man sich liebt, so muss man streiten, desbalb wollen wir streiten u. lieben, alles zusammen. (HTo 9.3.1927)

Quando ci si vuole bene, bisogna litigare, e allora vediamo di litigare ed amarci, tutto assieme. (HTo 9.3.1927)

Nachklänge einer bewegten Zeit

L'eco di un periodo movimentato

Umberto Boccioni, Carlo Carrà... - der Rausch der Geschwindigkeit, welche die italienischen Futuristen kurz vor dem ersten Weltkrieg erfüllte und zur Dynamisierung von Bildmotiv und Komposition bewegte...

Umberto Boccioni, Carlo Carrà ... - l'ebbrezza della velocità che, alle soglie della prima guerra mondiale, si era impossessata dei futuristi italiani, trovando espressione nella dinamizzazione dei soggetti e delle scelte compositive, si manifesta più tardi anche nell'opera di Hans Tomamichel.

...setzt sich fort in Hans Tomamichels von der Rennbahn (1927) inspirierten rasenden Fahrt (1928),

Dapprima con La pista da corsa (1927), più tardi con il motivo, ispirato dal precedente, della corsa sfrenata (1928).

...die sich vor dem Hintergrund von Rudolf Kollers Gotthardpost (1873) als Illustration über die Entwicklung des schweizerischen Motorfahrzeugbestands (1930) ins Anekdotische kehrt und in der Tourismus-Werbung «Trag Wünsche nach Luzern» (1932) als wichtiges grafisches Elemente die Städte Zürich und Luzern verbindet.

Quest'ultimo soggetto riapparirà più tardi, una prima volta, con carattere aneddotico, sullo sfondo della Posta del Gottardo di Rudolf Koller (1873), quale illustrazione per la storia dello sviluppo dei veicoli a motore in Svizzera (1930); in seguito, nella pubblicità turistica «Porta i tuoi desideri a Lucerna» (1932), quale importante elemento grafico che unisce le città di Zurigo e Lucerna.

Ulmer Knechtli 1929

Wie schwierig es ist, eine charakteristische Reklamefigur zu schaffen, erkannte ich so recht, als ich für die Firma Ulmer & Knecht Vorschläge auszuarbeiten hatte. (...) Bis ich eines Tages auf einem Skizzenblatt des Graphikers Hans Tomamichel - ein gutes Dutzend Blätter mag er mit Porträtskizzen ausgefüllt haben - in roher Konturzeichnung die Form eines lustigen Kerlchens entdeckte, das mir brauchbar erschien. Flüchtig hingehauen war es, aber es trug schon die charakteristischen Merkmale, die drei Härchen und die treuherzig blickenden Äuglein. Jetzt hatten wir's. Das Ulmerknechtli war geboren und durfte seinen Siegeslauf antreten. (Willy Bosshard, Reklameberater) - 1929 bis 1961 wirbt das fröhliche Männchen für die Weinhandlung Ulmer & Knecht (Zürich); 1978 bis 1983 erscheint es nochmals als guter Geist der Firma.

Ulmer Knechtli 1929

Mi resi conto di quanto fosse difficile creare una figura pubblicitaria avente caratteristiche inconfondibili, quando mi trovai a dover elaborare alcune proposte per la ditta Ulmer & Knecht. (...)Fino al giorno in cui, su di un foglio con gli schizzi del grafico Hans Tomamichel (aveva riempito una buona dozzina di fogli con schizzi di ritratti), scoprii la forma ancora grezza di un divertente esserino che mi sembrò potesse servire allo scopo. Era stato buttato giù in fretta ma possedeva già i suoi segni caratteristici, i tre capelli e gli occhietti dall'espressione ingenua. Adesso ce l'avevamo fatta. L'«Ulmerknechtli» (un gioco di parole con i cognomi dei titolari della ditta, n.d.t.) era nato e poteva iniziare la sua carriera di successi. (Willi Bosshard, consulente pubblicitario) - Dal 1929 al 1961 l'allegro esserino fa la pubblicità per i commercianti di vini Ulmer & Knecht di Zurigo: dal 1978 al 1983 riappare ancora una volta come Mascotte della ditta.

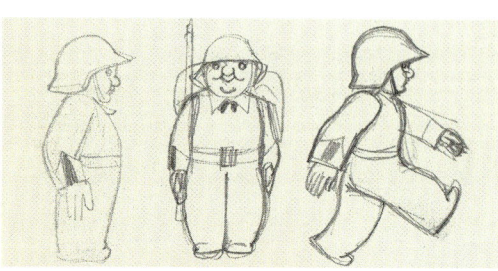

Es sitzt als Korkenmännchen auf der sonnigen Flasche.

Siede come omino-tappabottiglie sulla bottiglia.

Es wandert als Soldat Schwejk über das Blatt, es serviert Bier. Alles dreht sich ums Ulmerknechtli, eine der damals bekanntesten Werbefigur.

Va a spasso sul foglio nelle vesti del soldato Schwejk, serve la birra. Tutto ruota attorno all'«Ulmerknechtli», a quel tempo una delle figure più conosciute del mondo pubblicitario.

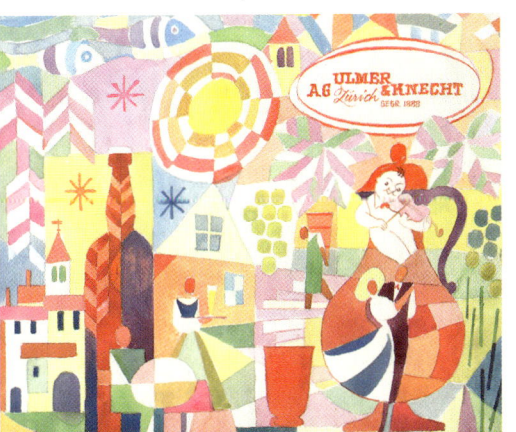

Es belebt - in täuschender Ähnlichkeit mit einem der beiden Firmeninhaber - die leuchtenden Aquarelle der Weinpreislisten, quicklebendig, fröhlich und doch immer gleich.

Vivacizza i brillanti acquarelli dei listini dei prezzi per i vini... arzillo, allegro, sempre uguale... e con una somiglianza sorprendente con uno dei due titolari della ditta.

63

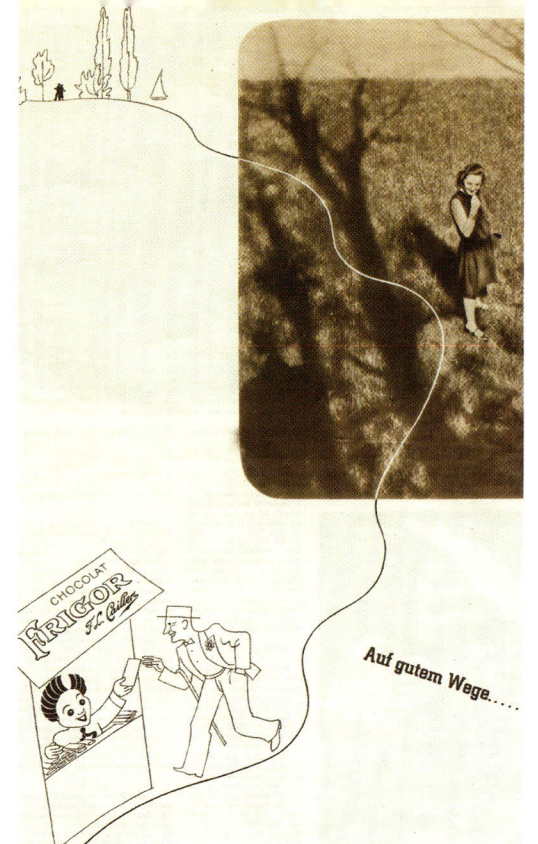

Wer war nicht im Fip-Fop-Club?

(Du April 1979)

1932 beginnen Hans Tomamichels Werbeaufträge für die vereinten Schokoladenfabriken der N.P.C.K. (Néstle, Peter, Cailler, Kohler). Das charakterische Paar Fip Kohler und Fop Cailler begeistert Klein und Gross als Türöffner zu den flimmernden Bildern des Films.

Nach Vogorno, Verscio, Ascona und Maggia setzt die Truppe des Fip-Fop Clubs von Néstle, Vevey, seine Filmvorführungen im Tessin wie folgt fort (...) Das Programm umfasst: Aktualitäten, Ein Néstle Album wird geboren, Eidgenössisches Turnfest in Zürich, Musikladen, Laurel und Hardy, Trickfilm. An jedem Ort wird den Kleinen und... Grossen die Gelegenheit geboten, Umschläge mit den interessanten und lehrreichen N.P.C.K. Bildchen zur Vervollständigung der Alben zu tauschen. Im übrigen können die Kinder, welche Mitglieder des Fip-Fop werden möchten, dies bei jeder Vorführung tun, indem sie den einmaligen Betrag von einem Franken zahlen, was den Zugang zu so viel schönen Dingen erlaubt; inbegriffen das Abonnement für die illustrierte Zeitschrift von Néstle.
(Giornale del Popolo 4.11.1957)

Chi non apparteneva al club Fip-Fop?

(Du April 1979)

Nel 1932 iniziano i lavori pubblicitari di Hans Tomamichel per l'unione di fabbriche di cioccolata N.P.C.K. (Néstle, Peter, Cailler, Kohler). La caratteristica coppia Fip Kohler e Fop Cailler entusiasma grandi e piccini ed apre la porta alle immagini tremolanti del film.

Dopo aver toccato Vogorno, Verscio, Ascona e Maggia, la troupe del Club Fip-Fop, della Néstle, di Vevey, continuerà come segue la serie delle sue rappresentazioni cinematografiche nel Ticino (...) Il programma (...) comprende: Attualità, Nasce un Album Nestlé, Festa federale di ginnastica a Zurigo, La bottega delle melodie, Laurel e Hardy, Cartoni animati. In ogni località è data la facoltà a piccini e... grandi di operare lo scambio degli involucri con le interessanti e istruttive figurine N.P.C.K. per la completazione degli albums. Inoltre i bambini che intendono diventare soci del Fip-Fop, possono farlo a ogni rappresentazione pagando la tassa unica di un franco che dà diritto a tante belle cose compreso l'abbonamento al giornalino illustrato della Nestlé.
(Giornale del Popolo 4.11.1957)

Unser Vater war ein innovativer Grafiker, er verband schon früh Zeichnung und Foto in der Werbung. (Elisabeth Flüeler-Tomamichel, 2001)

Nostro padre era un grafico innovativo, accostò già presto disegno e fotografia nella pubblicità.
(Elisabeth Flüeler-Tomamichel, 2001)

Der Grafa-Preis für angewandte Graphik: Hans Tomamichel

Gerade so wie der Gletscher Findlinge ins Unterland getragen hat, verschleppt das Leben bisweilen Geißbuben aus den Schweizerbergen. Unsern Giovann hat es in Paris abgeladen; er flennt um Gurin und wird doch Pariser; wie er Tessiner und dennoch Deutschschweizer ist, wird er Zeichner und bleibt trotzdem Künstler. So schwemmt ihn die Welle zurück: als Gebrauchsgrafiker nach Zürich. Ein Findling ist da. Sein sauberer Strich erobert Aufträge; seine Bescheidenheit pflanzt Freundschaften; er zeichnet sechs Jahre lang drauflos und spürt manchmal: „es" zeichnet in ihm. Meistens zwar ringt er wie alle andern mit dem Schinder Hast und dem Irrlicht Ungeschmack. Längst ist das „To" trade-mark bester Geltung. Im selben Maß wie die Tatenlust des Geschäftslebens verblaßt, reift die Gebärde unseres Freundes. Sein Strich war immer gut; keine Schule hat ihn maniriert. Doch jetzt beginnt die geistige Durchblutung; erstaunlich ist die Reife der Bildung und des Herzens, die einen Lebensraum anfüllen und wie schöne Blumen aus sich heraus immer aufs neue zu blühen vermögen. Darum ist dieser Preis nicht Lohn, er bleibt Verpflichtung. In Tomamichel steckt als Erbe das Sehen wirklichkeitsnaher Bergleute, der Glaube der Abgeklärtheit und ein Engelstraum, der unsagbare Weiten um seinen Arbeitstisch breitet. Es sind die großen Aufgaben, an denen sich solche Kräfte triebhaft emporranken, wie die Rebe am Stichel. Darum, liebe Freunde, vergeßt nie, daß unser Giovann nicht nur dem Tag und seiner Qual gehört, sondern sich selbst und seinem Weg in die Freiheit.

g.

Für den Wirtschaftsbund bildender Künstler Zürich hatte es einen besonderen Reiz, dass er im Zusammenhang mit der Grafa II nicht nur mehrere Wettbewerbe veranstalten, sondern auch Anerkennungspreise an zwei vortreffliche Schweizer Graphiker vergeben konnte. (WbK Mittteilungen, Nr. 11, Nov. 1934) – 1934 wird der Preis für freie Künstlergrafik Aldo Patocchi aus Mendrisio für seine ausdrucksstarken Holzschnitte, jener für angewandte Grafik Hans Tomamichel verliehen. Interessant ist, dass neben seiner modernen Grafik für das Restaurant St. Peter in Zürich die vaterländischen Bilder der «Pro Lucerna-Werbung» 1932 lobend bedacht werden.

Per la nostra associazione, il «Wirtschaftbund bildender Künstler Zürich» la seconda edizione del premio Grafa è stata particolarmente stimolante. In quest'occasione infatti, oltre all'organizzazione di diversi concorsi, ci è pure stato possibile conferire un premio al merito a due eccellenti grafici svizzeri. (WbK Mitteilungen, n. 11, novembre 1934) Nel 1934 il premio per la grafica artistica viene conferito ad Aldo Patocchi di Mendrisio per le sue silografie molto espressive, quello per la grafica applicata ad Hans Tomamichel. È interessante notare che, accanto alla grafica dal carattere moderno per il ristorante S. Peter a Zurigo, nel 1932 vennero lodate pure le illustrazioni patriottiche della pubblicità «Pro Lucerna».

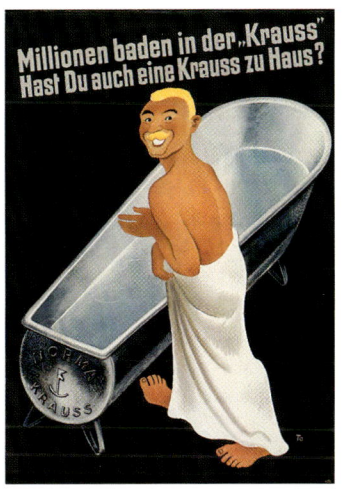

Die Arbeiten des Zürcher Grafikers bewegen sich in den dreissiger Jahren zwischen vereinfachender Abstraktion, anekdotischer Liebenswürdigkeit und schalkhaftem Einfall: Musterhafte Krebse für St. Peter, ein ins Bild umgesetztes Wortspiel für den Wirteball, ein illustriertes Geschichtenbüchlein für die Kinder der Maggi-Angestellten, eine grafisch aus dem studio cosmétique entsteigende Schönheit und der Sprung ins Bad: *Millionen baden in der Krauss - Hast Du auch eine Krauss zu Haus?*

Negli Anni trenta i lavori del grafico oscillano fra astrazione minimalista, gentilezza aneddotica e trovate maliziose: gamberoni da manuale per il ristorante St. Peter, un gioco di parole trasformato in immagini per il ballo degli esercenti, un libretto di storie illustrate per i bambini degli operai della Maggi, una bellezza appena uscita dal salone di cosmetica ed il salto nella vasca da bagno: *A milioni fanno il bagno in una Kraus - Anche tu hai una Kraus a casa?*

Bücher, Bücher, Bücher

In mehr als 100 Büchern und in mehr als 100 Broschüren begleiten Zeichnungen und farbige Illuminationen des unermüdlichen Illustrators das gedruckte Wort. Dazu kommen Kalenderbilder, SJW-Hefte und unzählige Illustrationen für Zeitschriften und Zeitungen. Die frühesten Entwürfe für Schweizer Autoren entstehen in Paris. Pariser Geist gesellt sich zu Schweizer Sinn.

Ernst Eschmann,
Das Klöppel-Anneli, 1928

Maria 1922, das Vorbild für das «Klöppel-Anneli»

Entwurf

Elsa Muschg, Wie sie lachen und weinen, 1930

Entwurf

Gerti Egg, Bethli und Hanneli
in der Ferienkolonie, 1928

Ernst Eschmann, Im Ferienhäuschen, 1929

Libri, libri, libri

In più di cento libri e in più di cento opuscoli la parola stampata è accompagnata dai disegni in bianco e nero e a colori dell'instancabile illustratore. A questi si aggiungono i disegni per calendari, i quaderni della ESG, e innumerevoli illustrazioni per riviste e giornali. I primi progetti per autori svizzeri nascono a Parigi. Lo spirito parigino si associa all'animo svizzero.

Was nicht im Baedeker steht,
Schweiz, Ost und Süd, 1932

Was nicht im Baedeker steht,
Nord und West, 1933

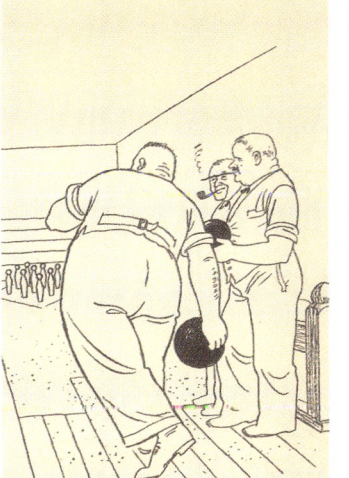

Camillo Valsangiacomo,
Serenata sulla Limmat, 1939

Wilhelm Umbricht. Raymund findet den Teufel, 1938

Viaggio di primavera 1936

Frühlingsreise 1936

...in den nahen Osten

...nel Medio Oriente

Esel und Kamele schreiten über die Seiten des nahöstlichen Skizzenbuchs, Wasserträger und bärtige Männer bevölkern die Blätter, engen Gassen, Oasen und Herden... - das fremde und doch so bekannte Leben der Bauern und Nomaden in Palästina, im Libanon und Griechenland, mit bewährter *Beobachtungskraft* (HTo 1924) aufgenommen und festgehalten...

Sulle pagine del quaderno degli schizzi del Medio Oriente camminano asini e cammelli; i fogli sono popolati da portatori d'acqua e uomini barbuti, da stradine strette, oasi, greggi. La vita dei contadini e dei nomadi in Palestina, Libano e Grecia: così estranea eppure così familiare, fatta propria e fissata sulla carta con la collaudata *capacità di osservazione.* (HTo 1924)

Das alles ist doch ein kleines Paradies!
(HTo 18. Juli 1937)

Fïf Bektschi ohni Bode, esu chunn's eim vor. (HTo an A. Della Pietra 29.1.1946)

Das Familien- und Arbeitsleben pendelt zwischen Zürich und Bosco Gurin.

Trotz der Hitze kommen wir mit der Arbeit schön voran. Seit Ihr fort seid, arbeiten wir jeden Abend bis 1/2 11 Uhr. (HTo 29.7.1947)

Mein lieber Hans
Ich habe Dich doch so innig lieb, Hans, wie nichts sonst auf der Welt, Dich u. die Kinder u. darüber unseren Herrgott. Den muss ich schon immer mitten hinein nehmen. Denn zu ihm gehören wir, ob Hochflut von Glück od. Ebbe sei. (...) - (...) Die Erdbeeren haben viele, viele Blüten, aber die Früchte wollen nicht so recht vorwärts. - Das Annamarieli gedeiht prächtig u. ist schon ganz braun gebrannt. Dem Leo fehlt der Papà. -
(ATo-K Juli 1937)

Liebe Anni
Der lb. Gott würde es schon recht machen, wenn Du nicht immer wieder den Drang hättest, von mir wegzugehen. Gurin hat natürlich grosse Anziehungskraft u. ich freue mich, dass Du heute meine lib. Heimat so lieb gewonnen hast u. dass diese Liebe auch bei den Kindern schon gross ist.
(HTo, Gratulation zum 10. Hochzeitstag 14.10.1938)

Licba Franccsco
Hia scheckandar ech diis libretto. Ech ha an grüüssi Freid g'ha. Mu g'siad wia düw tapfar g'warchud bescht. Aber weischt, wir, ech und z'Müetti planga einfach. Jascha Buab fahlt isch. Nüw bescht Düw abar lang in Gurin g'siin. A so schean hend's net all Buaba uf dar Walt. Hescht öw eister dam Hergott dachut? (...) Alla zaman wenschi öw as gleckhaftigs Niws Jahr, dar Anu, dam Mariali und dam Ennu.
Tua mar alli vell mal griaza. Voll, voll Muntschi va Diim Attu.
(HTo an Franz Tomamichel, 31.12.1937)

Tutto questo è proprio un piccolo paradiso!
(HTo 18 luglio 1937)

La vita famigliare e gli impegni di lavoro si svolgono fra Zurigo e Bosco Gurin.

Nonostante il gran caldo, andiamo avanti bene col lavoro. Da quando siete partiti, lavoriamo ogni sera fino alle 22.30. (HTo 29.7.1947)

Caro Hans
io ti amo veramente dal profondo del cuore, Hans, come nient'altro al mondo, te, i bambini e sopra a tutto Nostro Signore. Quello lo devo sempre mettere al centro. Perché noi Gli apparteniamo, sia al culmine della gioia che quando questa se ne va. (...) - (...) Le fragole hanno tanti, tanti fiori, ma i frutti non vogliono andare avanti. Annamarieli cresce magnificamente ed è già tutta abbronzata. A Leo manca il papà.
(ATo-K luglio 1937)

Cara Anni
il nostro buon Dio farebbe ben le cose in ordine, se tu non ti sentissi sempre spinta ad andare via da me. Gurin ha naturalmente una grande forza di attrazione e sono contento che tu oggi ami così tanto la mia cara patria e che questo amore sia già grande anche nei bambini.
(HTo, congratulazioni per il decimo anniversario di matrimonio 14.10.1938)

Liebs Mutti,
Liebe Francesco, Margritli & Leonhardli
(...) Ihr bänd's jetz aber schön z'Bosco. I möchte grad bi Eu sii u. güggsle wie's im Garte überall us den Aeckerli use wachse tuet. (...) Und de Chriesibaum heb so viel Blüemli g'ha. Da wird's aber Chriesi gä u. Johannistrübli. (...) Und Guriner Dütsch müend Ihr rede, dass Ihr rechti Guriner-Chinde werdet (...)
Eue papà
(HTo Frühling 1937)

Ich sehe nun über den Berg u. hoffe bis spätestens nächsten Donnerstag verreisen zu können. (...) Ich ziehe die Bergschuhe an. Wenn das Wetter gut ist, fahre ich nur bis Cerentino u. von dort werde ich laufen. (HTo 5.8.1941)

Ce l'ho quasi fatta e spero di poter partire al più tardi giovedi prossimo. (...) Mi metto le scarpe da montagna. Se il tempo è buono, prendo la posta solo fino a Cerentino e poi da lì andrò a piedi.
(HTo 5.8.1941)

10035	10036	10037	10038	10039
SILVIO FRANCESCO TOMAMICHEL	 MARGRIT MARIA TOMAMICHEL	 HANS LEONHARD TOMAMICHEL	 ANNAMARIE ELISABETH TOMAMICHEL	 ELISABETH AGNES TOMAMICHEL

Ech be en Guriner

Ds Jaar üss und e

Ich bin ein Guriner; ich will euch ein wenig erzählen von Gurin. Ach, es ist ein wenig ein Lotterdörfchen, aber doch ein hübsches, und ich habe es so mächtig gern.

Io sono un «Guriner» e vi voglio raccontare un po' di Bosco Gurin. È vero, è un paesino un po' trasandato, ma è carino, e gli voglio proprio un gran bene.

Mit gleicher Post senden wir Dir ein Paar Heidelbeeren. Ich wäre gerne in die Berge gegangen, um Dir ein paar Blumen zu senden, aber das Wetter ist immer so unbeständig. (HTo 25.7.1934)

Unser Vater träumte von einem grossen Garten, in dem jedes seiner Kinder ein Haus bewohnte. - Erst später erkannte ich, dass Bosco Gurin dieser grosse Garten ist. (Margrit Pfiffner-Tomamichel, 2000)

Es waren einmal drei Brüder, erzählte mir eine Gurinerin, die lebten im Wallis, wo es aber damals so viele Leute gab, dass nicht alle Raum hatten. So beschlossen die drei, sich zu trennen; der erste blieb im Lande, der zweite zog nach Italien, ins Pomat, der dritte aber wanderte noch weiter und gründete Bosco Gurin. Das ist, auf eine einfache poetische Formel gebracht, die Geschichte der Walser. (Emily Gerstener, Bosco Gurin, S. 3)

Con la stessa posta ti mandiamo un po' di mirtilli. Sarei andato volentieri in montagna per inviarti un paio di fiori, ma il tempo è così variabile. (HTo 25.7.1934)

Nostro padre sognava un giardino nel quale ognuno dei suoi figli abitava una casa. Solo più tardi mi resi conto che Bosco Gurin è questo grande giardino. (Margrit Pfiffner-Tomamichel, 2000)

C'erano una volta, mi raccontava una boschese, tre fratelli che vivevano nel Vallese, dove allora vi era talmente tanta gente che ormai lo spazio non bastava più, cossiché i tre decisero di separarsi: il primo rimase in patria, il secondo si recò in Italia, in Val Formazza, mentre il terzo proseguì e venne a fondare Bosco Gurin. Questa è la storia dei Walser, racchiusa in una semplice formula poetica.
(Emily Gerstener, Bosco Gurin, S. 27)

Ech be en Guriner; ech well nech ewëng zëllä va Gurynn. Äch, es escht ewëng es Lotterdoorftschi, aber glych es hebs, und ich häs eso mächtig gäärä. Wënn sch isch öw ewëng hennä um hënn, so hewwer glych no ds rächt, nisch z wërän un z brechtän.

Mu hët z wäärchun nu was mu magg. Dä Langsi enngändi Braachut cha mu afa d Geiss üsslaa, es par Ässer wëniger am Baarnä. Mu escht froo, bsunders wënns eso e lënngä Wenter gsynn escht un ds Heww scho gotzts escht.

Dernaa geit scho ds höwwu loos; d Wyber tien d Schnettä zwäg machu, un wënn alls zwäg escht, cha mu afa höwwu un gräftu. Wëmmu d Häärperä gsotzt hët, dë geät mu der Rächä un tüet d Gräft einfach zuetëckä. Nüww chunund sch dë wagsä, un es brüicht nu ewëng hebs, waarms Wätter un Gottus Sägä.

Ds Chryz uf um Acker tarff mu öw net vergässä; d' Aane hëd isch es eister gseit, schi wagsän dë bësser.

Bald fängt man schon an zu mähen. Elzen Theodors sind wieder die ersten gewesen, die Sensen hervorzuholen und (sie) fangen schon an zu dengeln, wie wenn sie der Teufel auf den Hörnern hätte.

Presto si comincerà già a falciare il fieno. Quelli di Theodor Elzen sono di nuovo stati i primi a tirar fuori la falce e cominciano già ad affilarla, come se fossero inseguiti dal diavolo.

Aber met um Wäärch escht mu nu net fërigg, und bald faat mu scho a määjä. Ëlzu Doorischsch senn aber di erschtu gsynn, d Sägesä ferä z geän, un fän scho a chnätschu, wie wënn schi der Tyful uf un Hoorä heigi. Mugund sch aber net erwaartä, bes mu z Alp escht met um Feä, es senn doch Hëllhënn! Wier muessu, schëtz i, öw derhender: ds Heww escht rypfs.

Di jungu Blëger un di jungu Pefflä fään nyt Grächtsch me a; schi hein äbä me d Alpu fer d Hoorä. Wënn sch di ganz Nacht ummerschtierun un allä Lytu gän ga tüppu und andri in d' Äffi rechtän, chunund sch natyrli uber Tagg nemmä rächt wäärchu.

Ja nun, der Sommer geht doch vorbei. Sie haben schon alle ihre Heuschober voll Heu.

E ormai, l'estate se ne va davvero. Hanno già tutti i loro fienili pieni di fieno.

Ja nu, der Summer geit glych verby. Schi hën scho alli ër Gadumdschi volli Heww un chomän scho obnä enner.

Es hëd scho es par mal agschnyt un chund chaalt. Mu fyrut scho der lëscht Aabän un tüet der Lanz brëenä, d Nydlu blääjä un d Metschi plaagu, bes aafat tagä.

Dsch moorgändsch ghërt mu d Chie der d Mattä nare chu triechlu, chu rollu, chu schallu und chu muelu, das es ä Freid escht. Mu tuet schu im Gadä, und derna faart mu met nä, summi hie un die andru dahe.

*Der Vater Giuseppe
Antonio Tomamichel
(1873-1964)*

*Il padre Giuseppe
Antonio Tomamichel
(1873-1964)*

Wenn man nur schön Kartoffeln (d.h. gute Kartoffelernte) machte! Von überall her kommen sie (zu) keuchen mit Tragkörben Kartoffeln am Rücken.

Speriamo che il raccolto delle patate sia buono. Arrivano ansimanti da ogni dove con i cesti di patate in spalla.

Nüww mües mu schu hender d Häärperä un d Chritter, dass mu ds Feä cheni la löiffä.
Wëmmu nu schen Häärperä miechi. Derals har chomänd sch chu chynu met Tschefretä Häärperä im Regg.
Baald faats schu a schnyjä, Tagä hën schu ghëërig gchurzut. Der leng Wenter machut isch Angscht. D Löwwenä, vor dënä asä war nisch muessu ferchtä, fään schu a muru.
D Goofa hën z Schuel z gän; d Mannä geän d Uberhosä ferä, fer ga z'waalun. Asä d Wybtschi, wa ghein Mannä hënn, muessun d Briech alëggä fer ga z hertun.
Dy hënn äppuemal z pyschtän, wënn äso guggsut, wënn dë so tuet, dass eim ds Liecht erlëscht un der Aatä erschtëckt, das escht dë nemmä gmietlech.

Dsch Aabändsch escht mu gäärä uf um warma Ofä, mu machut ewëng Ggaffë un geit z Doorf. D Buebä gän gäärä ga erholdä, un der Heär bällud eister äbä, schi gään halt glych. Schi häns äppuemal wie ghoorut!
Di altu Wybtschi tien schpennä, d Tëchträ tien Wollu chartu un enandrä erblääjä.

Des Abends ist man gern auf dem warmen Ofen, man macht ein wenig Kaffee und geht zu Besuch.

La sera si sta volentieri seduti sulla stufa calda, si prepara un po' di caffè, si va a visitare qualcuno.

Die Männer gehen Heuburden ziehen.

Gli uomini vanno a tirare il fieno.

D Buebä reckän wi Perschtupenter un tien gäärä ummerlyru, d Mannä gään hender d Tschefrä un d Gabelä, gään im Heww ga Burdenä zie un vertwëlländ schi met allerlein, bes der Wenter verby escht.

(HTo 1939, Soo reded s dihäi, siehe CD H. Tomamichel)

Anny Tomamichel-Kaiser mit Margritli und Annemarili in der 1938 wiederbelebten Gurinertracht

Anny Tomamichel-Kaiser con Margritli e Annemarili nel costume di Bosco Gurin fatto rinascere nel 1938

Heute morgen ist nun auch der Stoff für die Tracht angekommen. Wenn nur nicht alles umsonst wäre. Wir haben nun doch schon soviel Geld drein gesteckt, dass es fast schon über unsere Verhältnisse geht. Wenn aber unsere Mühe u. Arbeit doch mit Erfolg gekrönt würde, wäre ja nichts umsonst gewesen. (HTo 13.4.1938)

Questa mattina è arrivata anche la stoffa per il costume. Speriamo che non sia tutto inutile. Vi abbiamo già buttato dentro così tanti soldi ed abbiamo quasi oltrepassato le nostre possibilità. Se però i nostri sforzi ed il nostro lavoro fossero coronati da successo, allora niente sarebbe stato inutile. (HTo 13.4.1938)

Im Jahre 1936 taten sich einige Männer aus Gurin und einige Freunde aus der deutschen Schweiz zusammen und gründeten die «Gesellschaft zur Förderung des Walserhauses Gurin» (...). Durch die Unterstützung dieser Förderer sowie mit Hilfe von Bund und Kanton wurde dann das alte Haus wieder instandgestellt, um das Heimatmuseum aufzunehmen. Dieses ist dazu ausersehen, altes Kulturgut zu sammeln und der Überlieferung ein schlichtes Denkmal zu setzten. (...) Im Sommer 1938 konnte das Museum eingeweiht und eröffnet werden. (Tobias Tomamichel, Bosco Gurin, S. 153)

Nel 1936 alcuni uomini di Bosco Gurin ed alcuni amici della Svizzera tedesca si unirono e fondarono la «Gesellschaft zur Förderung des Walserhauses Gurin». Grazie all'appoggio di questi promotori ed all'aiuto della Confederazione e del Cantone, la vecchia casa venne poi risanata per accogliere il museo etnografico. Questo è destinato a raccogliere l'antico patrimonio culturale e rappresenta un modesto monumento alla tradizione. (...) Il museo ha potuto essere inaugurato ed aperto nell'estate 1938.
(Tobias Tomamichel, Bosco Gurin, pag. 153)

Gurin

Foroglio

4182.2

4182.1

4189

74

4173

2046.1

6047

75

4089

Töin und Tüin

Während Jahrzehnten macht der Zürcher *Töin* Werkzeichnungen für den Guriner *Tüin*, seinen Cousin gleichen Namens, den Schreiner Hans Anton Della Pietra. Möbel, Intarsien und der geschnitzte Guriner Taufsteindeckel sind gemeinsame Werke der beiden *Angloni*.

Per decenni il Töin zurighese disegna modelli per il Tüin boschese, il falegname Hans Anton Della Pietra, cugino omonimo. Diversi mobili, intarsi e la copertura del fonte battesimale in legno intarsiato sono opere comuni dei degli «Angloni», come i due si chiamavano reciprocamente.

Hans Anton Della Pietra   4183

0055.6

Eine der Zeichnungen von der Reise Hans Tomamichels in den nahen Osten dient als Vorlage für die Intarsie Hans Anton Della Pietras auf einer Kastentüre.

Die Sache mit den Guriner Möbel wird auch so langsam reif. Hoffentlich wird uns hier ein kleiner Erfolg reifen. Zum Angloni habe ich grosses Vertrauen. (HTo 13.4.1938)

Uno dei disegni del viaggio di Hans Tomamichel nel Medio Oriente funge da modello per gli intarsi di Hans Anton Della Pietra sulla porta di un armadio.

Anche la questione dei mobili di Bosco Gurin sta lentamente maturando. Speriamo di ottenere un po' di successo. Ho una grande fiducia nei due «Angloni». (HTo 13.4.1938)

29. genea 1946

Gueten aben!

Was gäder a? Wie geit's Ech? Sider g'sundi?

Der Töin escht chu! Es öw zuera! Jaa, abar ech gah bald āmanderscht. Ech hanisch äbe wella chu Vergält's Gott sāge un nech chu dachu ver d'Melch. Schi escht gloibi aweng galti chu aber um deschi Zit tian d'Chia gäre chalbru un tā müessmu me tā Chalbtschanu teile. Mu escht tā propri froh wemmu eso ä Chue het z'Wentrun. Schi fresst g'heis Hew un Melch getsch doch. Deru Chie seltamu Schean hä. Frianar hetmu das öw net b'chennt. Aber hit escht schäki alls moderns chu. Wellt net aweng setza!

O nein, ech müess bald amandarscht gah, schi wartor

Dahemna. Wenni z'spaat chu, dä tiansch mar bållu.
Mu het öw eister äppus z'tschetschlun un mu
chun nie ferig. Wemmu a so a Roodu Gofe hät,
dä hetmu z'pischtan besmu alle er Betz Brot
abg'höwwne het un dä mugunsch eister no mea.
Fif Bektschi ohni Bode, esu chunn's eim vor.
Ja, z'Ewwum Huis werd's net bessar sin.
Ihr heit öw zwea Buebe, un d'Metschi, ech
wellti net d'Han umcheare. Di tian em suscht
erblaie.
Ja, ja, Düw hescht älmäng no zwea Briach,
mu g'siat Der di andra unne vera schgare aber
ech hä äbe eini. Un Holz hescht öw vell
meh weder ech, un Wärchmanne öw. Düw
bescht sechar bald a Millionäri.
Ech mag der nüw net z'vell vera säge, suscht
frägeschtmi obi wage demu chu sigi. Un tä
chenntaschmer öw d'Chüe äweg gea, watmer
z'wentrun göh hescht.
Heigetmer nit ver ungüet. Jeschi Lit griazanech!
Blibet g'sundi un båttet isch öw!
Gott b'hiat ech un guet Nacht, schlafet dä
schean

Tōin

Mu dachut der no ver dim Bief!
Griazat mer öw Ewwi Ahne!

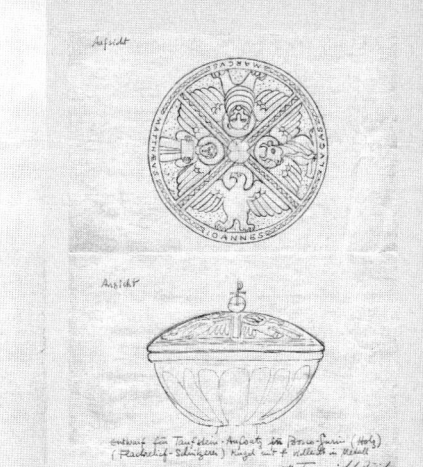

Anton Della Pietra 1922

O belle, umili cappellette bianche...

O schöne, demütige, weisse Kapellen, die ihr wie zarte Lilien in den Wiesen erscheint, wie seit ihr mir teuer!
(Mo. Hans Sartori, 700 Anni Bosco Gurin, S. 128)

O belle, umili cappellette bianche, che sorgete come candidi gigli in mezzo ai prati, quanto mi siete care! (Mo. Hans Sartori, 700 Anni Bosco Gurin, S. 128)

In einige der alten Wegkapellen, in die Taufkapelle der Kirche und das Beinhaus malt Hans Tomamichel in den Jahren 1937 bis 1960 neue christliche Szenen. Da und dort erscheint ein Gurinergesicht in Gestalt des Biblischen inmitten von Lärchen, Eichhörnchen und Ziegen.

Negli anni fra il 1937 ed il 1960 Hans Tomamichel dipinge nuove scene di ispirazione cristiana in alcune vecchie cappelle lungo la strada, nella cappella battesimale della chiesa e nell'ossario. Qua e là, fra larici, scoiattoli e capre, appare il volto di un boschese sotto fattezze bibliche.

Wegkapelle Kirchgasse 1960

In die alte Wegkapelle unterhalb der Kirche malt Hans Tomamichel eine neue Kreuzigungszene mit Maria und Johannes. In der Mitte des Gekreuzigten öffnet sich die schon bestehende Nische mit einer alten Pietà. Im Sinn der traditionellen Beziehung von alten und neuem Testament ist dem Opfer Christi die Opferung Isaaks beigesellt. Zu Füssen des Gekreuzigten sitzt das Lamm Gottes auf dem Buch mit den sieben Siegeln.

Nella vecchia cappella sotto la chiesa Hans Tomamichel dipinge una nuova immagine della Crocifissione con Maria e Giovanni. Nel mezzo del Crocifisso si apre la nicchia preesistente con una vecchia Pietà. In accordo con la tradizionale relazione fra vecchio e nuovo Testamento, al sacrificio di Cristo viene accostato il sacrificio di Isacco. Ai piedi del Crocifisso siede l'Agnello di Dio sul libro coi sette sigilli.

Taufkapelle 1950

Das neue Fresko der Taufe Christi in der Taufkapelle mutet in seiner schillernden Überlagerung farbiger Pinselstriche fast impressionistisch an.
M.L.A. Ich wollte Dir noch sagen, den Louis zu bitten, den Fresko-Kalk wieder zu sich zu nehmen u. ihn vor Frost zu schützen, Wieviel Kilo sind es noch etwa? Er sollte ihn dann mit einem alten Ambalasch bedecken, damit der Deckel nicht wieder ganz rostig wird. (HTo 24.10.1938)

Il nuovo affresco con il Battesimo di Cristo nella cappella battesimale, con la sua iridescente sovrapposizione di pennellate colorate, ha un aspetto quasi impressionista.
Mia cara Anny, Volevo ancora dirti di pregare Louis di portarsi a casa la calce per l'affresco e di proteggerla dal gelo. Quanti chili ne rimangono, approssimativamente? La dovrebbe poi coprire con un vecchio telo, affinché il coperchio non arruginisca di nuovo tutto. (HTo 24.10.1938)

Undar Chapalu 1938

Als als Willkommensgruss für den vom Tal her Kommenden versetzt Hans Tomamichel die junge Muttergottes in den Lärchenwald von Bosco, das Christuskind spielt mit einem Eichhörnchen. Im Hintergrund steht als unbemerkter Zuschauer der trauten Szene ein Hirte.

Quale saluto di benvenuto per chi viene dalla valle, Hans Tomamichel trapianta la giovane Madre di Dio nel bosco di larici di Bosco Gurin, con Gesù bambino che gioca con uno scoiattolino. Sullo sfondo, un pastore guarda inosservato l'intima scena.

Franziskuskapelle 1937

Am Prozessionsweg zur Kapelle Maria im Schnee sitzt Franziskus, umringt von Tieren der einheimischen Fauna.

Sul sentiero della processione verso la cappella di S. Maria della Neve siede S. Francesco, attorniato da animali tipici della fauna nostrana.

Beinhaus 1952

Werfen wir durchs Gitter einen Blick auf das Auferstehungsbild von Hans Tomamichel: den Engel über dem leeren Grab Christi, die drei Frauen, die wie Gurinerinnen aussehen, und den Guriner Kirchturm im Hintergrund vor dem noch nächtlich sternbesäten Himmel des Ostermorgens.
(Emily Gerstner, Bosco Gurin, S. 14)

Gettiamo uno sguardo attraverso le sbarre, sul dipinto della Risurrezione di Hans Tomamichel: l'angelo sopra il sepolcro vuoto, le tre pie donne e il campanile di Bosco sullo sfondo di un cielo pasquale ancora notturno cosparso di stelle.
(Emily Gerstner, Bosco Gurin, S. 14)

8014

Angelo Nessi

Unter der Wellenlinie der ersten Furchen, über dem dunkeln Schnurrbart, erstrahlten dann seine Augen, schwarz, glänzend, durchdringend, wie verzaubert. Alles schien er vergessen zu haben, selbst das Rauchen. Wie erstorben hing ihm die Zigarette im Mundwinkel.
(G. Zoppi über A. Nessi, Tessiner Erzähler, S. S. 11)

Sotto la linea ondulata delle prime rughe, sopra i baffi scuri, splendevano i suoi occhi, neri, scintillanti, penetranti, come stregati. Sembrava aver dimenticato tutto, anche di fumare. La sigaretta penzolava come morta nell'angolo della bocca.
(G. Zoppi su A. Nessi, Tessiner Erzähler, pag. 11)

Illustrationen für Tessiner Autoren

Illustrazioni per autori ticinesi

Auf dieser Doppelseite über Tessiner Buchillustration stehen zwei Tessiner nebeneinander, die ihre Heimatliebe auf unterschiedliche Weise ausdrücken: Angelo Nessi (1873-1932), über dessen Geschichten Giuseppe Zoppi schreibt: *Sie alle funkeln von Geist und harmloser Bosheit. Was Offenheit, Gewandtheit und Lebhaftigkeit des Geistes anbelangt, übertrifft Angelo Nessi alle Tessiner Schriftsteller der Vergangenheit und der Gegenwart.*
(G. Zoppi über A. Nessi, Tessiner Erzähler, S. S. 12)

Und Giuseppe Zoppi (1896-1952), der in seinen oft nostalgisch gestimmten Schilderungen der Alp seiner Kinderzeit doch die Wirklichkeit des Berglerlebens durchschimmern lässt. - Hans Tomamichel illustriert sie beide!

Su queste due pagine dedicate all'illustrazione di libri ticinesi si trovano, uno vicino all'altro, due Ticinesi che hanno espresso in modi differenti il proprio amore per la patria: Angelo Nessi (1873-1932), dei cui racconti Giuseppe Zoppi scrive: *tutti scintillavano di spirito ed innocua cattiveria. Per quel che riguarda schiettezza, abilità e vivacità di spirito, Angelo Nessi supera tutti gli autori ticinesi del passato e del presente.* (G. Zoppi su A. Nessi, Tessiner Erzähler, pag. 12)

E Giuseppe Zoppi (1896-1952) che con le descrizioni dell'alpe della sua infanzia, seppur spesso nostalgiche, permette di intravedere la vera vita della gente di montagna.

Hans Tomamichel illustra entrambi!

Giuseppe Zoppi

In den selben Jahren, da ich auf meines Vaters Alp das Leben eines Hirten führte, verbrachte nicht weit von mir, im selben Tal, im Dorfe Bosco-Gurin, wo die Leute deutsch reden, ein anderer Knabe ungefähr das gleiche Leben. Er träumte davon, ein Maler zu werden; desbalb zeichnete er wie Giotto Bäume, Schafe, Ziegen. Dieser Knabe war Hans Tomamichel, der tüchtige Illustrator dieser Seiten.

(Giuseppe Zoppi, Das Buch von der Alp, Vorwort)

Negli stessi anni in cui io conducevo una vita da pastore sull'alpe di mio padre, non lontano da me, nella stessa valle, nel villaggio di Bosco Gurin, dove la gente parla tedesco, un altro ragazzino faceva all'incirca la stessa vita. Egli sognava di diventare pittore, per questo disegnava alberi, pecore, capre, come Giotto. Questo ragazzino era Hans Tomamichel, l'abile illustratore di queste pagine.

(Giuseppe Zoppi, prefazione alla traduzione tedesca del Libro dell'alpe)

Erster Weltkrieg und Russische Revolution haben das Wertgefüge der bürgerlichen Welt nachhaltig erschüttert. Klassenkampf, roaring twenties, Weltwirtschaftskrise und Nationalsozialismus sind Gesichter einer zerrissenen Epoche, auf die der Künstler, der von der Geschlossenheit seiner Bergwelt Abschied genommen hat, mit emotionalen Bildern reagiert: Im Stil des Expressionismus schleicht das Lumpenproletariat durch trostlose Industrielandschaft, in zerfliessendem Strich mühen sich Arbeitssklaven vor sauberen Herren und wilder Pinsel erfasst den Hass von wütendem Mob.

Die Zwischenkriegszeit
Il periodo fra le due guerre

So frönt das Volk in diesem berauschenden Wahn; der andere lacht brav dazu und reibt sich die Hände. (HTo 18.4.1925)

Così il popolo è schiavo di questa pazzia inebriante: e l'altro se la ride e si frega le mani. (HTo 18.4.1925)

La prima guerra mondiale e la rivoluzione russa hanno scombussolato tenacemente la scala di valori del mondo borghese. Lotta di classe, anni ruggenti, crisi economica mondiale e nazionalsocialismo sono le diverse facce di un'epoca travagliata. L'artista, abbandonato ormai il suo chiuso mondo montanaro, reagisce con immagini molto emotive: nello stile dell'Espressionismo proletari pezzenti si trascinano attraverso un triste paesaggio industriale; schiavi del lavoro, rappresentati con tratto sfuggevole, si arrabattono al cospetto di padroni dalle vesti linde; l'odio della massa infuriata trova sfogo nell'impeto del pennello.

Landi 1939

Die Schweizerische Landesausstellung in Zürich, 1935 vor dem Hintergrund der grossen Wirtschaftsdepression geplant, gerät bei ihrer Eröffnung am Vorabend des Krieges 1939 zum nachhaltigen Manifest helvetischer Eigenständigkeit und Selbstbehauptung, um das die bedrohten Schweizer zusammenrücken. Wirtschaftliche Leistungsschau paart sich mit mythisch verklärtem Patriotismus. Der arrivierte Bildgestalter Tomamichel leistet zu beidem seinen Beitrag. Ein grossformatiges Wandgemälde im Gewerbesektor stellt die Kunst des Glasblasens vor - der realitätsgetreuen Darstellung sind detaillierte, Skizzenblatt um Skizzen-

La Landi 1939

L'esposizione nazionale svizzera, progettata nel 1935 sullo sfondo della grande crisi economica ed inaugurata a Zurigo nel 1939, alla vigilia della seconda guerra mondiale, assume in quel momento il significato di manifesto dell'indipendenza e dell'autoaffermazione della Svizzera ed offre alla popolazione minacciata un valore attorno a cui stringersi. La messa in mostra delle conquiste economiche è accompagnata da un mitizzato patriottismo. Il famoso grafico Tomamichel dà il suo contributo in entrambi i campi. Nel settore dedicato all'industria, un dipinto murale di grandi dimensioni illustra l'arte della lavorazione del vetro. La

blatt füllende Studien in einer Glashütte vorangegangen. Das «Grotto ticinese», die von Architekt Rino Tami zusammengetragene Synthese tessinerischer Bautraditionen, schmückt der Wahlzürcher mit einem grossflächigen Sgraffitto, das die stilisierten Ferienträume der Nordländer auf die Wand fixiert. Dabei verschafft er auch seiner eigenen Vergangenheit in der Rolle des «Geissenpeters» einen kleinen Auftritt.

raffigurazione realistica è stata preceduta da fogli e fogli di schizzi preparatori, studi molto dettagliati eseguiti in una vetreria. Egli decora inoltre con un graffito di grandi dimensioni il «Grotto ticinese» allestito dall'architetto Rino Tami, una sintesi delle tradizioni edilizie ticinesi. Lo Zurighese d'adozione riassume sulla parete i sogni vacanzieri dei nordalpini concedendo un piccolo ruolo anche al suo passato di pastorello.

In der Landesausstellung wird der Besucher den Eindruck empfangen, dass der Kanton Tessin auch heute eine grosse Zahl von Künstlern stellt, die mit beachtenswerten Leistungen am Ausbau und am Schmuck des Ganzen mitgewirkt haben.
(LA Ausstellungszeitung, Pfingstnummer 29. Mai 1939)

Il visitatore dell'esposizione nazionale si renderà conto che anche oggi il Cantone Ticino dispone di un gran numero di artisti che con una prestazione notevole hanno contribuito alla costruzione ed alla decorazione dell'insieme.
(Rivista dell'esposizione, edizione di Pentecoste 29 maggio 1939)

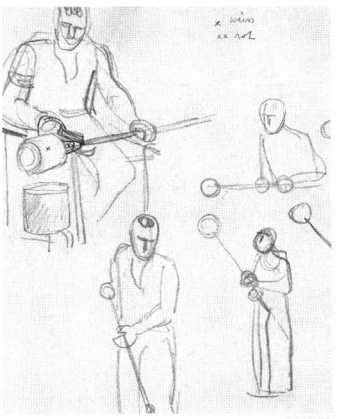

2049.38

2049.32

Geistige Landesverteidigung
Il riarmo morale della Patria

Spätestens mit dem Spanischen Bürgerkrieg verhallt der Ruf «nie wieder Krieg!» endgültig, das europäische Sicherheitssystem zerbröselt und die Schweiz übt sich im nationalen Schulterschluss. Die geistige Landesverteidigung entwickelt sich mit Ausbruch des zweiten Weltkriegs zur mentalen Waffe gegen alles «Unschweizerische» und bleibt für Jahrzehnte im Arsenal der Patrioten. Der «Sonderfall Schweiz» nimmt Igelstellung ein. Damit einher geht eine Verschweizerung von Kunst und Kultur, in der der Schweizer Soldat zur Ikone gefriert, während der Krieg im Konjunktiv verharrt.

Al più tardi con la guerra di Spagna il grido «mai più guerra» viene fatto tacere definitivamente, il sistema di sicurezza europeo si sgretola e la Svizzera coltiva la solidarietà nazionale. Con lo scoppio della seconda guerra mondiale, il «riarmo morale» della patria diventa un'arma intellettuale contro tutto ciò che non è svizzero e rimane per anni parte integrante dell'arsenale dei patrioti. Il «Sonderfall» Svizzera si rinchiude a riccio. Mentre la guerra rimane al condizionale, arte e cultura diventano vieppiù svizzere ed il soldato svizzero si cristallizza in esse sotto forma di immagine ideale.

Die Alpen sind diese jene grossen Bergketten, welche sich im Süden der Schweiz befinden, sie sind natürliche Grenzen, welche unser liebes Vaterland gegen den Feind verteidigen. (HTo 1909)

Le Alpi sono quelle grande catene di montagne che trovasi al Sud della Svizzera, sono confini naturali che difendono la nostra cara Patria del nemico. (HTo 1909)

Wir hätten unsere Pflicht getan, ruhig und verbissen, so wie es Schweizerart. Keiner wäre gewichen, denn keiner hätte den Kameraden im Stich gelassen. Wir waren festgefügt; eine Kompanie Soldaten.
(Major Kunz, Froschperspektive, der Füs. Kp. zur Erinnerung an den Aktivdienst 1939/40, illustriert von HTo)

Avremmo fatto il nostro dovere, con tranquillità ed ostinazione, così come è nel carattere svizzero. Nessuno si sarebbe tirato in dietro, perché nessuno avrebbe piantato in asso i commilitoni. Eravamo uniti; una compagnia di soldati.
(Major Kunz, Froschperspektive, der Füs. Kp. zur Erinnerung an den Aktivdienst 1939/40 - in ricordo del servizio attivo 1939/40, illustrato da HTo)

Soldatenbriefmarken

Unter dem Motto: Wir wachen hat der Graphiker Hans Tomamichel künstlerisch hervorragende Marken geschaffen. Die Auflagezahl ist klein. Der Reinertrag ist für die Schlafsackaktion bestimmt.
(Schweizer Wochenzeitung, ca. 5.12.1939)

Francobolli di soldati

Sotto il motto «Noi vegliamo» il grafico Hans Tomamichel ha realizzato francobolli di ragguardevole valore artistico. La tiratura è ridotta. Il guadagno è destinato all'azione sacchi a pelo.
(Schweizer Wochenzeitung, ca. 5.12.1939)

Im Auge des Sturms

Während rundum die Welt in Flammen steht, duckt sich die Schweiz im windstillen Auge des Taifuns. Der Sturm tobt aber auf Hans Tomamichels Zeichentisch, wo einige ungewohnt haltlose Skizzen entstehen, die tiefe Betroffenheit verraten. Der HD-Soldat Tomamichel, 1918 zur Musterung zu spät erschienen und seither von militärischen Pflichten kaum behelligt, wird auch bei der Generalmobilmachung nicht eingezogen. Seinen persönlichen Aktivdienst leistet er in Form von Illustrationen der wehrhaften Schweiz, die ihre Soldaten zur Grenzbefestigung aufmarschieren lässt.

Nell'occhio del ciclone

Mentre tutt'attorno il mondo è in fiamme, la Svizzera si rannicchia nella calma dell'occhio del ciclone. La tempesta si scatena però sul tavolo di Hans Tomamichel, dove nascono alcuni schizzi eccezionalmente liberi ed espressivi che tradiscono un profondo coinvolgimento. Il soldato di riserva Tomamichel, che nel 1918 era arrivato troppo tardi al reclutamento e che da allora non era stato praticamente più importunato da obblighi militari, non viene chiamato nemmeno in occasione della mobilitazione generale. Egli presta servizio attivo in modo personale, disegnando una Svizzera agguerrita, che fa marciare i suoi soldati a difesa delle frontiere.

Mir scheint, dass nun die Gefahr vorüber ist, wenigstens vorläufig u. es will mir fast scheinen, dass Ihr bald wieder nach Zürich zurückkehren könnt. Die letzten Tage hat tatsächlich eine grosse Gefahr bestanden, aber man hat auch noch einen gesunden Instinkt, um so etwas zu wittern. Nachdem nun die Deutschen schon tief in Frankreich eingedrungen sind u. England immer mehr gefährdet wird, sind wir etwas aus dieser Gefahrenzone gekommen.
(HTo 18.5.1940)

Nächsten Mittwoch wird der Schulunterricht wieder aufgenommen, also ein Beweis, dass die Lage für die Schweiz wieder ruhiger geworden ist. Das will nun nicht heissen, dass Ihr plötzlich verreisen müsst. (...) Inzwischen sollt Ihr noch recht an der Sonne liegen u. den Bergfrühling geniessen. (...) Wir haben wieder das herrlichste Wetter u. man kann kaum verstehen, dass irgendwo in Frankreich auf Leben u. Tod gekämpft wird.
(HTo 20.5.1940)

Mi sembra che il pericolo sia passato, almeno temporaneamente e voglio credere che presto potrete tornare a Zurigo. Nei giorni scorsi vi è stato effettivamente un gran pericolo, ma abbiamo ancora un sano istinto per fiutare una cosa simile. Dopo che i Tedeschi sono già penetrati a fondo in Francia e l'Inghilterra è sempre più minacciata, noi ci siamo allontanati un po' da questa zona di pericolo.
(HTo 18.5.1940)

Mercoledì prossimo ricomincerà l'insegnamento, una prova che per la Svizzera la situazione è ridiventata più calma. Questo non vuol dire che Voi dobbiate partire all'improvviso. (...) Nel frattempo dovreste stendervi ancora bene al sole e godere la primavera in montagna. (...) Noi abbiamo di nuovo un tempo splendido e si fa fatica a capire che da qualche parte in Francia si lotta per la vita o per la morte.
(HTo 20.5.1940)

Elend

Gewiss, die Schweiz ist ein liebes Gastland, und ihre sonnigen Höhen und grünen Täler, ihre klaren Berge und funkelnden Seen werden manchen noch in ferner Zukunft in der Erinnerung haften, wenn sie vielleicht längst über alle Meere sind und in einer anderen Welt ein neues Leben aufzubauen versuchen. (Neue Zürcher Nachrichten, 19. Oktober 1942)

Nach drei Kriegsjahren befinden sich 9600 Flüchtlinge in der Schweiz. Bundesrat v. Steiger, verantwortlich für die schweizerische Flüchtlingspolitik, erklärt vor einer Landsgemeinde der Jungen Kirche: «Das Boot ist voll». Einwohnerzahl der Schweiz: 4 265 703. (Max Frisch, Dienstbüchlein 1973)

Miseria

Certo, la Svizzera è un paese gentile ed ospitale, e le sue cime soleggiate, le verdi vallate, le sue limpide montagne e i laghi scintillanti rimarranno impressi nella memoria di parecchi anche nel lontano futuro, quando saranno già da un pezzo oltre i mari e cercheranno di costruirsi una nuova vita in un altro mondo. (Neue Zürcher Nachrichten, 19 ottobre 1942)

Dopo tre anni di guerra si trovano in Svizzera 9600 profughi. Il Consigliere federale v. Steiger, responsabile per la politica svizzera in materia di rifugiati, dichiara davanti ad un'assemblea della «Junge Kirche»: La barca è piena». Numero degli abitanti della Svizzera: 4 265 703.
(Max Frisch, Dienstbüchlein 1973)

Hoffnung

Buchbesprechungen 1944:
Während die zerstörenden und zersetzenden Kräfte unserer Zeit alle Gebiete des Lebens bedrohen, während der Ungeist und die Dämonie unserer Tage die Kultur ... in jedem Lebensbereich vernichten und zerschlagen, schuf hier J. B. Hilber ein Werk, das in der ersten gottgewollten Gemeinschaft, in der Familie, wieder neue derartige Werte schaffen soll.

In Hans Tomamichel hat das geistliche Singbuch den Maler-Graphiker gefunden, der zu den schlichten Weisen den richtigen Griffel findet. In völliger Konsonanz umfangen sich Bild, Ton und Wort. Keine moderne verschüttete Problematik, keine zeichnerischen Experimente, keine anatomischen Verrenkungen, keine expressionistischen Eigentouren. Und doch nicht ausgefahrene Geleise, nicht abgefingerte Buchillustration, nicht billige Exegese.
... Dem Herzen des Volkes erlauscht und künstlerisch in Sicht gestellt.

Speranza

Recensioni letterarie 1944:
Mentre le forze distruttive e disgreganti del nostro tempo minacciano tutti i settori della vita, mentre la negatività e la diabolicità dei nostri giorni annientano e fanno a pezzi la cultura in ogni ambito della vita, J. B. Hilber ha creato un'opera che deve far rinascere questo tipo di valori nella famiglia, la prima comunità voluta da Dio.

Il canzoniere spirituale ha trovato in Hans Tomamichel il pittore e grafico capace di trovare lo stile appropriato per le semplici melodie. Immagine, suono e parola si uniscono in perfetta armonia. Nessuna problematica sommersa di modernismo, nessun esperimento grafico, nessuna acrobazia anatomica, nessuna velleità espressionistica. E nonostante questo, niente vie già battute, niente illustrazioni logorate, niente esegesi a buon mercato.
... Ascoltato dal cuore del popolo e messo in mostra in modo artistico.

Warum eigentlich?
In verità, perché?

Mit der Arbeit geht's gut vorwärts. Heute zeichne ich das 10., Frau Prof. Orelli. Montag abend muss alles fertig sein. Dann kommt noch das Elfte für Basel. (HTo 19.7.1941)

Es drängt mich, Ihnen für die so schönen und sinnreichen Schaufenster zu danken. Obwohl ich nur eine ganz einfache Arbeiterin bin und alle Tage mit Bureau-Reinigen mein Brot verdiene, hat es mich sehr ergriffen, das Lob der Schweizerin so dargestellt zu sehen. Ich glaube, dass es unter uns Frauen doch noch viele hat, die es unseren Vorfahren nachmachen würden. Wir wollen dankbar sein und weiter im Sinne der «unbekannten Schweizerin» arbeiten. Zum Wohl unserer lieben Heimat! (Frau Witwe H., Hauszeitung Globus, Nr. 9-10, Sept.-Okt. 1941)

Il lavoro procede bene. Oggi disegno il 10., la professoressa Orelli. Lunedì sera deve essere finito tutto. Poi viene ancora l'undicesimo per Basilea. (HTo 19.7.1941)

Mi preme ringraziarvi per le vetrine così belle e significative. Anche se io non sono altro che una semplice operaia e ogni giorno mi guadagno il pane facendo le pulizie negli uffici, vedere elogiare la donna svizzera in questo modo mi ha commosso molto. Io penso che fra noi donne ce ne siano ancora molte che seguirebbero l'esempio degli antenati. Dobbiamo essere riconoscenti e continuare a lavorare nel senso della «Svizzera ignota». Per il bene della nostra cara Patria. (Signora H., vedova, Giornale della Globus, n. 9-10, settembre - ottobre 1941)

Grosse Schweizer Frauen

Während zehn Tagen um den 1. August 1941 sind die Schaufenster der fünf Globus-Häuser jeder Warenauslage entblösst, elf grossen Schweizer Frauen gewidmet- von Gertrud Staufacher über Dorothea von Flüe, Elsi, die seltsame Magd bis zur unbekannten Schweizerin, der Zeitgenossin aus dem Jahr 1941.

Wenn man das Wort «Geschichte» hört, so denkt man an den Mann. Spricht man vom Staat, so ist es wieder der Mann, der uns als Träger dieses Staates vor Augen steht. Und wenn uns schliesslich der Begriff «Volk» auf der Zunge liegt - so glauben wir Männer immer noch, es handle sich vorwiegend um den Pluralis unseres Geschlechtes. Warum eigentlich? Im ganzen Land herum rüsten jetzt tausend fleissige Hände und tüchtige Köpfe zum 650. Jubiläum unserer Schweizerischen Eidgenossenschaft. Wir sind im Begriffe, Männer-Taten zu ehren und zu feiern. Und die Frauen? Haben nicht auch sie ihren Beitrag zur schweizerischen Geschichts- und Kultur-Entwicklung geleistet?

(Grosse Schweizer Frauen, Vorwort von J. K. Schiele, 1941)

Grandi donne svizzere

In occasione del 1. agosto 1941, per dieci giorni le vetrine dei cinque negozi Globus, vuotate da ogni mercanzia, sono dedicate a undici grandi donne - da Gertrud Staufacher, passando per Dorothea von Flüe ed Elsi, la strana serva, fino alla Svizzera ignota, la contemporanea dell'anno 1941.

Quando si sente la parola «storia», si pensa all'uomo. Si parla dello stato, e di nuovo è l'uomo che ci appare davanti agli occhi come colonna portante di questo stato. E quando, infine, ci viene sulla lingua il concetto di «popolo» - noi uomini crediamo sempre ancora che si tratti del plurale del nostro sesso. In verità, perché? In questo momento, in tutto il paese, mille mani industriose e tante teste abili stanno facendo i preparativi per il 650. giubileo della nostra Confederazione svizzera. Ci accingiamo a festeggiare e ad onorare azioni di uomini.

E le donne? Non hanno dato anche loro il proprio contributo alla storia e all'evoluzione della cultura svizzera?

(Grosse Schweizer Frauen, prefazione di J. K. Schiele, 1941)

…und Schweizer Helden

Vom 18. bis 28. August 1944 ist aus Anlass der 500 Jahr Feier der Schlacht bei St. Jakob an der Birs im grossen Globus-Eckfenster Marktplatz-Eisengasse in Zürich ein Monumentalgemälde (280 cm x 500 cm) auf Leinwand von Hans Tomamichel ausgestellt.

… ed eroi svizzeri

Dal 18 al 28 agosto 1944, in occasione dei festeggiamenti per i 500 anni della battaglia presso San Giacomo sulla Birs, un dipinto monumentale (280 x 500 cm) di Hans Tomamichel viene esposto nella grande vetrina d'angolo della Globus a Zurigo.

Der Heldenkampf jener 1400 todesmutigen Mannen von St. Jakob an der Birs hat seit jeher die Zeichner, Radierer, Maler und Plastiker beschäftigt. (…) und findet seitens des Publikums grosse Beachtung. In kühner, beachtenswerter Komposition und markanter malerischer Darstellung hat uns Hans Tomamichel eine Szene aus dem Entscheidungskampf dargestellt. (…) Ohne Zweifel darf das freskoartige Wandgemälde den Anspruch erheben, einen neuen und wertvollen Beitrag zu sein zur Darstellung des für unsere Geschichte wichtigen Kampfes. (Zeitungsartikel, August 1944)

La lotta eroica di quei 1400 intrepidi uomini di San Giacomo sulla Birs ha occupato da sempre i disegnatori, gli incisori, i pittori e gli scultori. (…) e trova grande considerazione nel pubblico. Hans Tomamichel ha illustrato una scena della battaglia decisiva servendosi di una composizione ardita e considerevole e di una raffigurazione pittorica piena di carattere. (…) Senza dubbio il quadro, simile ad un affresco, può avanzare la pretesa di essere un nuovo e prezioso contributo alla rappresentazione di questa battaglia, così importante per la nostra storia.
(Articolo di giornale, agosto 1944)

Der «Sinnkreis des Lebens» für Globusdirektor J. K. Schiele-Keller

Treibende Kraft hinter den kulturell aufklärenden Schaufensteraktionen der «Magazine zum Globus» ist Globusdirektor J. K. Schiele. Für ihn zeichnet Hans Tomamichel während Jahrzehnten die privaten Glückwunschkarten zum neuen Jahr.

Il «Cerchio della vita» per il direttore della Globus J. K. Schiele-Keller

Il direttore J. K. Schiele costituisce la forza trainante dell'azione di educazione culturale organizzata nelle vetrine dei negozi Globus. Per decenni, in occasione del capodanno, Hans Tomamichel disegna per lui i bigliettini di auguri privati.

Ein sinnvolles Leben wird erst möglich, wenn es sich aufbaut auf der Vollzahl ewiger Wahrheiten. Mit der heute beginnenden, langfristig geplanten Neujahrswunsch-Serie, wird der Versuch unternommen, zeitlose Wahrheiten in neuer Form vorzulegen. Die drucktechnischen und visuellen Erfindungen des 20. Jahrhunderts haben viele von uns zu Augen-Menschen gemacht. Damit dürfte aber auch wieder vermehrtes Verständnis für Symbole und für zeichnerische Darstellungen weltanschaulicher Tatsachen vorliegen. Das oben abgebildete Gesamt-Symbol enthält die ganze Welt- und Heils-Geschichte. Sämtliche Bestandteile werden ihre Erläuterung finden.

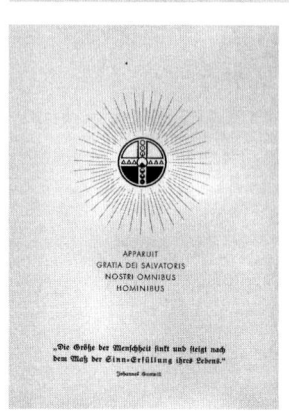

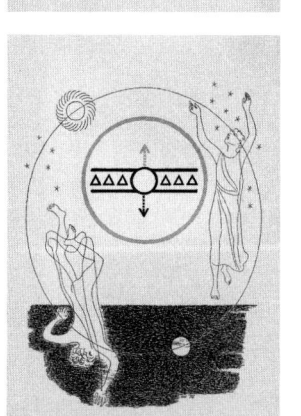

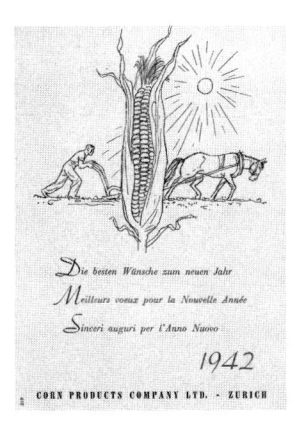

...und andere Neujahrskarten

...e altri bigliettini di capodanno

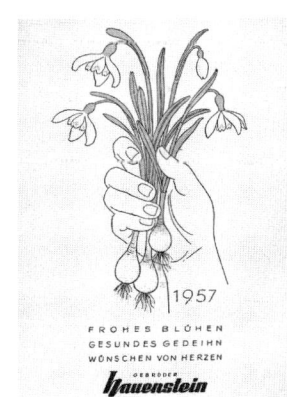

Der erste Tag des Jahres
Der erste Tag des Januars ist der erste Tag des Jahres. Was hat uns das vergangene Jahr gebracht? Freuden und Leiden, Gesundheit und Krankheiten, aber alles, gesandt von Gott. An diesem Tag müssen wir vor allem um die Gnade bitten, ein neues Jahr anfangen zu können und ihm versprechen, es gut zu beginnen. An diesem Tag schicken sich getrennte Freunde Briefe und Karten mit tausend Glückwünschen. Auch ich habe Mama, die weit weg ist, eine Karte geschickt. In diesem Dorf ist es üblich, von Haus zu Haus zu gehen und ein gutes neues Jahr zu wünschen. (HTo 1. Januar 1910)

Il primo giorno dell'anno
Il primo giorno di Gennajo è il primo giorno dell'anno. Che cosa ci ha portato l'anno finito. Gioje e dolori, salute e malattie, ma tutte cose mandeteci da Dio. In questo giorno dobbiamo anzitutto domandargli la grazia di poter incominciar un anno novello e promettergli d'incominciare bene. In questo giorno amici conscenti separati si mandano lettere e cartoline con mille auguri. Anch'io ho mandato una cartolina alla mamma che è lontana. In questo paese, c'è l'usanza di girar casa per casa ad augurar il nuovo anno.
(HTo 1 Gennajo 1910)

Trockenes Brot
Eines Tages fand Emilia in der Ecke der Speisekammer ein Stück trockenes Brot. Wer weiss, wie lange es hier vergessen lag. Sie nahm es auf und da sie auf der Strasse einen Hund sah, warf sie ihm das trockene Brot zu. Aber dieses war so hart, dass es auf dem Pflaster aufschlug und wie ein Kieselstein wegsprang. Der Hund erschrak und floh, das trockene Brot blieb mitten auf der Strasse liegen. Wenig später kam eine arme alte Frau, ganz gekrümmt auf einen Stock gestützt machte sie mühselig ihre Schritte. Langsam, langsam kam sie dorthin, wo das trockene Brot lag; sie hielt an, kniete mit grosser Mühe nieder, sie bob es auf, küsste es und sprach seufzend: Oh, göttliche Vorsehung! Du fehlst nie; auch heute werde ich nicht vor Hunger sterben; ich weiche es in Wasser ein und ... - Gott sei gedankt! Emilia sah dies und war so gerührt, dass ihr die Tränen in die Augen traten und seither hob sie das trockene Brot auf und wenn sie einen Armen traf, machte sie ihm daraus mit ein wenig Brühe eine warme Suppe. So wurde ihr die Befriedigung zu Teil, mit einem Stück trockenen Brotes den Unglücklichen zu helfen.
(HTo 1908)

Il seccherello
Un giorno l'Emilia trovò in un catuccio della dispensa un pezzo di pane secco. Chi sa da quanto tempo era stato dimenticato là! Ella lo pigliò e veduto giù in strada un cane, gli buttò il seccherello. Ma questo era sì duro che battendo sul lastricato saltò via di rimbalo come un ciottolo. Il cane se ne spavento e fuggì ed il seccherello rimase in mezzo della strada. Poco di poi ecco venire una povera vecchierella tutta curva su un bastoncino stento la faveva i passi. Adagio, adagino giunse là dove era il seccherello; si fermò, si chinò con gran fatica, lo raccolse, lo baciò e soprò dicendo: Oh provvidenza di Dio! Tu non manchi mai; anche oggi non morrò di fame; lo farò ammollare nell'acqua e ... sia Dio ringraziato. Lo vedì l'Emilia e ne fu tanto commossa che le vennero le lagrime agli occhi e dopo quel dì teme sempre di conto i seccherelli e se gli capitava poi qualche poverino con essi e un pò di brodo gli faceva una zuppa calda che lo riaveva tutto. Così facendo anche con un pezzetto di pane secco li procurava la consolazione di poter aiutare l'infelice. (HTo 1908)

Der Caritasbund Zürich ist eine Opfergemeinschaft im Geiste des Evangeliums der Kirche. Die ihm Angeschlossenen sind durch Caritasgesinnung und Caritastat zu einer geistigen Gemeinschaft verbunden, die auf Gebet und Opfer beruht. (2. Quatemberbrief 1983) - Während mehr als 40 Jahren illustriert Hans Tomamichel die Quatemberbriefe des 1936 gegründeten Caritasbundes, *per cattolica*, wie er sagt, kostenlos aus persönlicher Verbundenheit mit der katholischen Kirche und den benachteiligten Mitmenschen.

La Caritas di Zurigo è una comunità sacrificale nello spirito del Vangelo della Chiesa. Le intenzioni e le azioni di carità legano gli aderenti in una unione spirituale, fondata sulla preghiera e sul sacrificio. (2. Quatemberbrief 1983) Per più di 40 anni Hans Tomamichel illustra le «Quatemberbriefe» della Caritas, associazione nata nel 1936.
Lo fa *per cattolica*, come dice lui, senza richiedere nessun compenso, spinto dal suo legame personale con la chiesa cattolica e dalla solidarietà verso i meno fortunati.

Wenn Christus wiederkäme
Kurz, es ist unsre gut bürgerliche, schweizerische Umgebung. Christus wird nicht angegriffen. (...) Man lässt ihn einfach - gehen! Und das ist unsere schweizerische Sünde. (W. Middendorp, Riehener Zeitung 4.12.1959)

Se Cristo ritornasse
In breve, è il nostro ambiente svizzero buon borghese. Cristo non viene aggredito. (...) Lo si lascia semplicemente - andare! E questo è la colpa di noi Svizzeri. (W. Middentrop, Riehener Zeitung 4.12.1959)

Mit Alfred Teobaldi (1887-1977) ist Hans Tomamichel sowohl durch Guriner Verwandtschaft als auch durch religiöse Anliegen verbunden. Der studierte Philosoph, Theologe, Nationalökonom und Priester ist 1926 massgebend bei der Gründung der Zürcher Caritaszentrale beteiligt und steht ihr als erster vollamtlicher Direktor in den Jahren 1938-1957 vor. Als Generalvikar für den Kanton Zürich ab 1956 setzt er sich für die staatliche Anerkennung der katholischen Kirche im Kanton Zürich ein, die erst 1963 erfolgt.

Hans Tomamichel è legato a Alfred Teobaldi (1887-1977) sia dalla comune origine che da motivazioni religiose. Teobaldi, colto filosofo, teologo, economista e religioso, nel 1926 ha un ruolo fondamentale nella fondazione della centrale Caritas a Zurigo. Dal 1938 al 1957 ne è il primo direttore a tempo pieno. Quale vicario generale del Canton Zurigo, dal 1956 egli si impegna per il riconoscimento statale della Chiesa cattolica in questo cantone, che avverrà solo nel 1963.

WAS IHR DEM GERINGSTEN MEINER BRÜDER TUT...

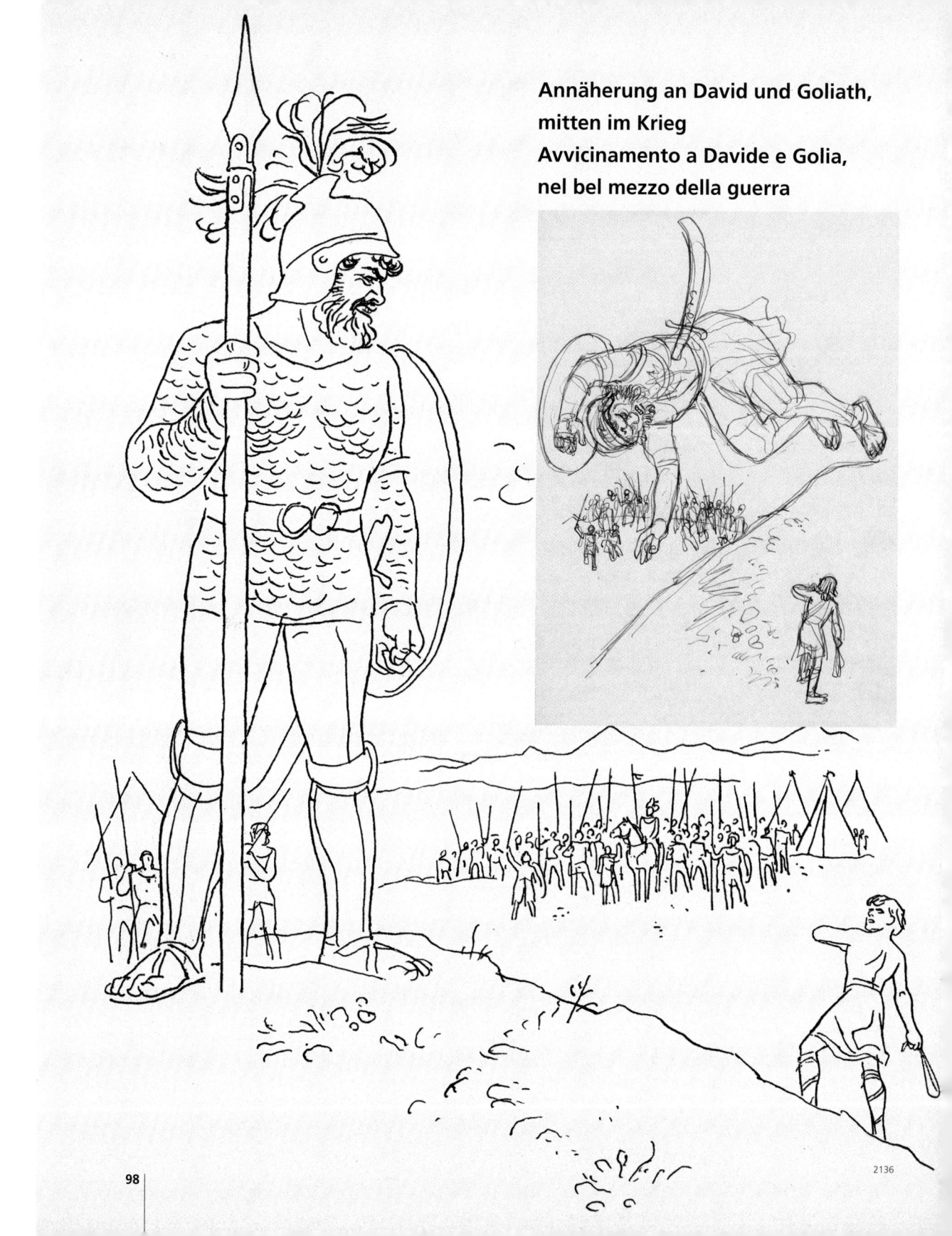

Annäherung an David und Goliath, mitten im Krieg
Avvicinamento a Davide e Golia, nel bel mezzo della guerra

Man begreift, dass die lapidare Sprachdeutung im schwerblütigen Berndeutsch ihn zu dieser bildhaften Ausdeutung verlockte. (...) Doch ist sein Stil im Vergleich zu Stocker oder Seewald vielleicht etwas zu leichtfliessend. Seine auf blosse Umrisse ausgehende, nur mit knappen Stofflichkeitsdeutungen auskommende Art ist heute durch Picasso, Maillol und bei uns in der Schweiz durch Erni, Barraud usf. höchst aktuelles Empfindungsgut geworden. Mit Seewald hat er eine gewisse Tendenz der monumentalen Beschränkung auf den einfachen Raum gemein. Seine Figuren dagegen entbehren der geistigen Urgewalt des biblischen Stoffes. Doch machen wohlgedachte Kompositionen wie die Erschaffung der Menschen aus der mächtigen Schöpferhand Gottes oder die letzte Daniel-Szene überzeugenden Eindruck vom künstlerischen Wollen Tomamichels.

(Vaterland, 31.3.1942)

Si capisce che l'interpretazione lapidaria in lento dialetto bernese lo abbia spinto verso una tale trasposizione in immagine. Confrontato con Stocker o Seewald, il suo stile è però un po' troppo scorrevole. Il suo modo di rappresentare, ridotto ai soli contorni, con scarsi accenni materici fa parte ormai della sensibilità percettiva comune grazie a Picasso, Maillol e, da noi in Svizzera, Erni, Barraud, eccetera. A Seewald lo accomuna una certa tendenza alla limitazione monumentale su spazio ridotto. Alle sue figure manca però la forza primordiale della essenza biblica. Composizioni ben studiate come la creazione dell'Uomo da parte della mano potente di Dio Creatore o l'ultima scena di Daniele danno però un'impressione convincente delle intenzioni artistiche di Tomamichel.

(Vaterland, 31.3.1942)

Kriegsende und Frieden

Der Friede! Dort wie hier das Gespräch (bei halben Zigaretten) mit Zeitgenossen, die nichts besassen ausser der grossen Hoffnung: aus den Ruinen werde hervortreten der neue Mensch. Die einen erwarten ihn als Kommunisten, die andern als Christen Nun wissen wir: Der neue Mensch ist nicht angetreten.

(Max Frisch, Schweiz ohne Armee?, 1989)

Fine della guerra e pace

La pace! Ovunque la discussione (a mezza sigaretta) con i contemporanei che non possedevano niente all'infuori della grande speranza: dalle rovine sorgerà l'Uomo nuovo. Gli uni se lo aspettano comunista, gli altri cristiano. Adesso lo sappiamo: l'Uomo nuovo non è entrato in servizio.

(Max Frisch, Schweiz ohne Armee?, 1989)

Frauen am Aufbau der Welt, 1946

Um unserer diesjährigen Hausfrauen-Aktion ein bestimmtes geistiges Relief zu verschaffen, hatten wir uns entschlossen, in die Gesamt-Aktion ein Element der Sympathiewerbung einzubauen. Im Hinblick auf den bevorstehenden dritten Frauenkongress in Zürich war es naheliegend, ein Thema zu wählen, das irgendwie mit den Problemen der Frau zusammenhing. (...) Nachdem in der Zwischenzeit der Krieg beendigt war und die Tore der Welt sich auch für uns wieder öffneten, entschlossen wir uns, den grossen Frauen anderer Nationen unsere Referenz zu erweisen.

(J. K. Schiele, Globus Hauszeitung 6/1946)

- Zwischen dem 28. August und dem 7. September 1946 wird die Ehrengalerie bedeutender Frauen in den Magazinen zum Globus in Zürich, Basel, St. Gallen, Aarau und Chur präsentiert (Bild: Hans Tomamichel, Text: Prof. Georg Thürer)

Am Aufbau der Welt…
La costruzione del mondo…

Donne costruiscono il mondo, 1946

Per conferire all'«azione casalinghe» di quest'anno un certo spessore intellettuale, avevamo deciso di introdurre nell'azione generale un elemento capace di catturare la simpatia. In vista del terzo congresso delle donne che si terrà prossimamente a Zurigo, era naturale scegliere un tema che in un modo o nell'altro avesse a che fare con i problemi delle donne. (...) Dopo che, nel frattempo, la guerra era finita e le porte del mondo si erano riaperte anche per noi, ci decidemmo di rendere omaggio alle grandi donne di altre nazioni. (J. K. Schiele, Globus Hauszeitung 6/1946) - Fra il 28 agosto ed il 7 settembre 1946 la galleria d'onore delle donne importanti viene presentata nei negozi Globlus di Zurigo, Basilea, S. Gallo, Aarau e Coira.

(Immagini: Hans Tomamichel, testi: prof. Georg Thürer)

Iphigenie,
griechische Priesterin, Altertum

Ifigenia,
la sacerdotessa greca, antichità

Selma Lagerlöf,
schwedische Dichterin, 1858-1940

Selma Lagerlöf,
la poetessa svedese, 1858-1940

Die unbekannte Leidtragende,
Dokument des Elends, Gegenwart

La tribolata ignota, una testimonianza della miseria, presente

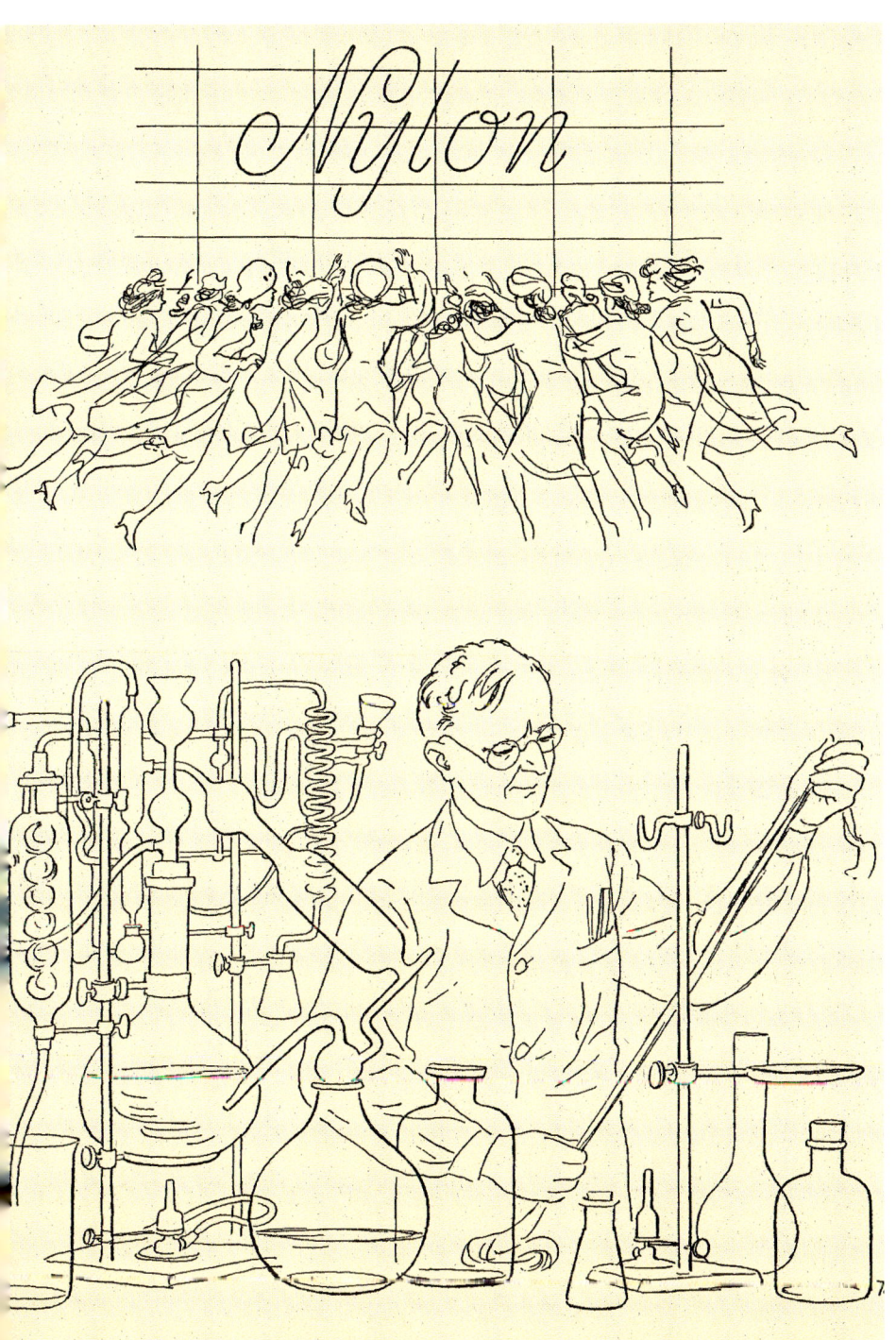

Kampagne der schweiz. Verkehrszentrale, Ende der vierziger Jahre.

Was jede Frau über Nylon wissen sollte, 1947

Mitte Mai 1940 wurden unzählige amerikanische Frauen von einer merkwürdigen, fast krankhaften Erregung ergriffen. Was war passiert? Welches Ereignis beherrschte in jenen Tagen ihr ganzes Fühlen und Denken? Man höre: ein neuer Strumpf wurde ihnen angeboten, ein Strumpf aus Nylon. Hauchfein war er und dazu fast unverwüstlich - eine Sensation! - Anfangs 1946 steht folgender Bericht in den Zeitungen: Schlimmer als bei einem Bomben-Attentat wurde das Erdgeschoss eines New Yorker Warenhauses zugerichtet, als es von über 2000 Frauen erstürmt wurde. Die kühnen Eroberinnen waren von einem Inserat für Nylon-Strümpfe angelockt worden. Die Anzeige warnte: Kommen Sie nur, wenn Sie die Kraft von zehn Frauen in Ihren Muskeln verspüren! Beschweren Sie sich nicht, wenn Ihre Frisur beim Weggehen aussieht wie ein Spatz nach dem Bad! Rechnen Sie keinesfalls damit, mit heilen Schienbeinen davonzukommen!

(Was jede Frau über Nylon wissen sollte, 1947)

- Und die Nylonbegeisterung schwappt auf Europa und die Schweiz über; den Nylonstrümpfen folgen Zahnbürsten mit Nylon-Borsten, Nylon-Gürtel, Nylon-Regenmäntel... und Hans Tomamichel zeichnet sie alle und alles, die stürmenden Frauen, den erfindenden Techniker, den Herstellungsvorgang und Eigenschaften des neuen Materials. Und wieder: *Wer rechnet, kauft im Globus!*

Quello che ogni donna dovrebbe sapere sul nylon, 1947

A metà del maggio 1940 innumerevoli donne americane furono prese da un'eccitazione strana, quasi morbosa. Cosa era successo? Quale evento dominava in quei giorni i loro sentimenti e i loro pensieri? State a sentire: era stata offerta loro una nuova calza, una calza di nylon. Era fine come un velo ed in più quasi indistruttibile - una sensazione! All'inzio del 1946 si trova sui giornali il resoconto seguente: L'assalto di 2000 donne ha ridotto il pianterreno di un grande magazzino di New York in condizioni peggiori di un attentato alla bomba. Le intrepide conquistatrici erano state attirate da un'inserzione per calze di nylon. L'annuncio avvertiva: venite solo se sentite nei vostri muscoli la forza di dieci donne! Non lamentatevi se al momento di andare via la vostra capigliatura assomiglierà ad un passero dopo il bagno! Non contate assolutamente di cavarvela con gli stinchi indenni! (Quello che ogni donna dovrebbe sapere sul nylon, 1947) E l'entusiasmo per il nylon si riversa sull'Europa e sulla Svizzera; alle calze di nylon seguono spazzolini da denti con setole di nylon, cinture di nylon, impermeabili di nylon ... e Hans Tomamichel disegna tutto e tutti, le donne all'attacco, gli inventori, il processo di produzione e le proprietà del nuovo materiale. E di nuovo: *Chi fa i propri conti, compra da Globus!*

Die Illustrationen für das Programmheft des Stadttheater Zürichs, 1947/48

Als berührte der Pinsel das Papier kaum... In den Zeichnungen fürs Stadttheater Zürich findet Hans Tomamichel, im Zuschauerraum sitzend und skizzierend, zur Pariser Leichtigkeit und Lebendigkeit zurück.

Le illustrazioni per il programma del teatro della città di Zurigo, 1947/48

Come se il pennello non toccasse quasi la carta ... Schizzando seduto in platea, Hans Tomamichel ritrova nei disegni per il teatro della città di Zurigo la leggerezza e la vivacità di Parigi.

Drama, Tanz und Gesang
Dramma, danza e canto

Recto

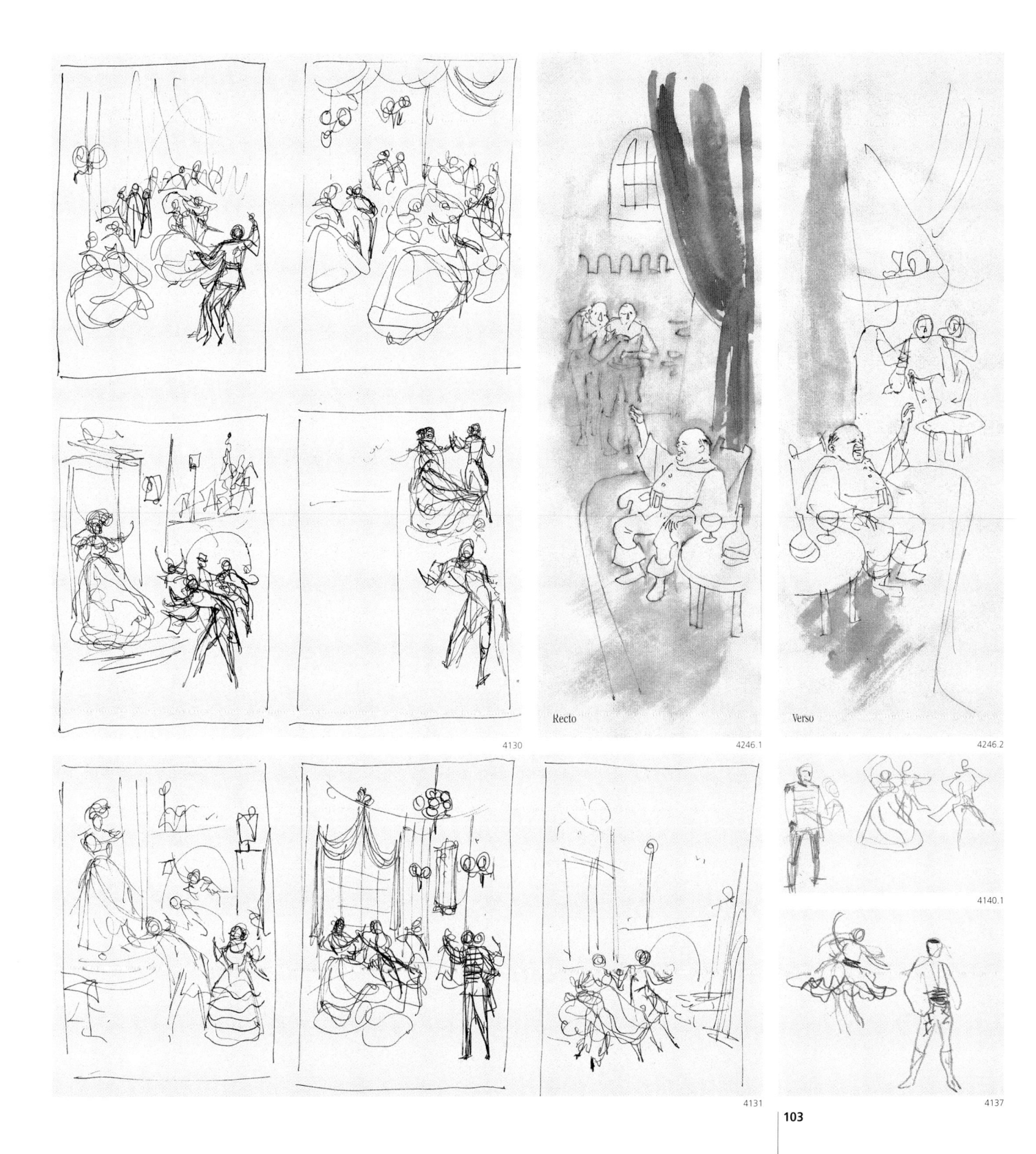

4130

4246.1

Verso

4246.2

4140.1

4131

4137

103

Ferien in Bosco Gurin
Vacanze a Bosco Gurin

Die streng gefasste Form der Sgraffiti…

Seit dem Sgrafitto für das «Grotto ticinese» an der Landi 1939 führt Hans Tomamichel die klare, eindeutige Linie bis zum letzten Sgrafitto in Altdorf 1980 weiter. Allein in Bosco Gurin finden sich an 12 Häusern, der Friedhofskapelle und dem Kirchturm Sgraffiti, beginnend beim Christophorus am eigenen Haus (1942) bis zum Bild «Iaschar Müatar Hüss» (1978).

La forma severa dei graffiti…

Dal primo graffito per il «Grotto ticinese» all'esposizione nazionale fino all'ultimo graffito di Altdorf (1980), Hans Tomamichel persegue una linea chiara e univoca. Già solo a Bosco Gurin si trovano graffiti sulle pareti della cappella cimiteriale, del campanile e di ben dodici case, a partire dal San Cristoforo della propria abitazione (1942) fino al dipinto «Iaschar Müatar Hüss» (1978).

und die Freiheit des Pinsel- und Bleistiftstrichs

Die seit frühester Kindheit gepflegte Gewohnheit, Bosco Gurin zu porträtieren, behält der immer wieder für kürzere und längere Zeit ins Heimatdorf Zurückkehrende zeitlebens bei.

e la libertà della pennellata e del tratto a matita

Hans Tomamichel, che di quando in quando ritorna per periodi più o meno lunghi al suo villaggio natale, conserva per tutta la vita l'abitudine di ritrarre Bosco Gurin già coltivata durante l'infanzia.

Der Auftritt des Knorritschmannlis 1947

Mit der Suppenkelle bewehrt, strahlt sich der knorrige Wicht mit dem fröhlichen Tellergesicht mit der roten Zipfelkappe seit seinem ersten Auftritt in Knorrs Küchenbrief Nr. 3 anfangs 1948 durch die Nachkriegszeit in die Herzen auch der widerspenstigsten Suppenkaspars bis zum heutigen Tag.

La comparsa del Knorrino 1947

Dalla sua prima comparsa nella Lettera di cucina n. 3, all'inizio del 1948, per tutto il periodo postbellico e fino ad oggi, il nanerottolo della Knorr armato di mestolo, con l'allegra faccia a forma di piatto e il berretto rosso a punta, conquista i cuori anche dei più recalcitranti Bastiancontrari.

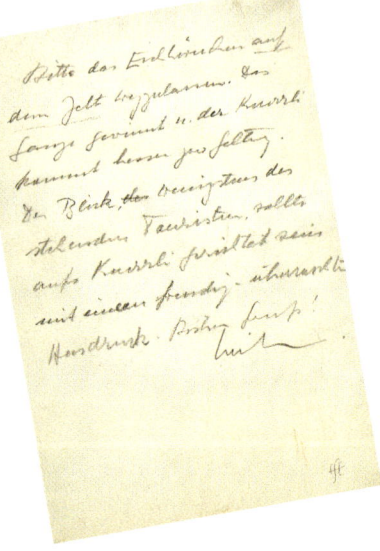

107

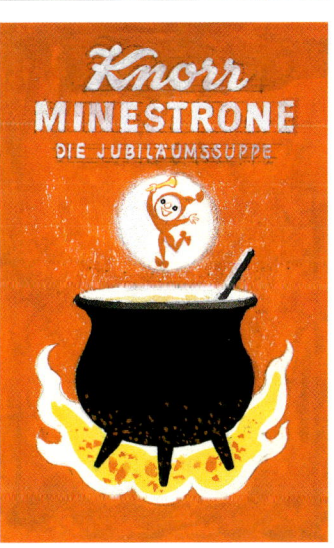

Knorr
FEINERBS
4 ≡ 60 cts
Wenn Knorr eine neue Suppe bringt...
Feinerbssuppe mit Schinken
5 Minuten Kochzeit

Die neuzeitlichen Suppen von Knorr:
Knorr
SPARGELSUPPE
4 ≡ 60 cts
NUDELSUPPE MIT HUHN
EINLAUFSUPPE MIT EI
FLORIDA
OMELETTE-SUPPE
STEINPILZ-SUPPE
TOMATO
PRINZESSIN
LYONER
SPARGELSUPPE
NAPOLI
Alles für die Hausfrau!
NEU!
Knorr
Aromat
Würfel
Inhalt 6 Würfel
Knorr-Aromat

Knorr

Knorr

Knorr-Suppen
Suppen wie noch nie!

Knorr

Knorr
Knorr
Knorr

Jedes Paket enthält eine Knorr-Flagi
Hafer-Flöckli
Knorritsch
Petits
Flocons d'avoine
½ Kilo Fr.-.85
und einen Prämien-Gutschein
Knorritsch-Flöckli zart und fein-
Sie könnten gar nicht besser sein!

Früher
Heute
D

Thayngen, den 22. Dezember 1947

Sehr geehrter Herr Tomamichel,
Wir sind von dem Knorritschmannli entzückt und halten es für sehr lebendig und aktivierend. Die Zeichnungen und die Komposition der Inserate sind sehr hübsch vorgesehen.

Knorr, Nährmittel-Aktiengesellschaft, gezeichnet C. Weilenmann und H. Ruckstuhl

Thayngen, 22 dicembre 1947

Egregio signor Tomamichel,
Siamo incantati dall'omino Knorrli e lo reputiamo molto vivace e stimolante. I disegni e la composizione degli annunci pubblicitari così come previsti sono molto carini.

Knorr SA, firmato C. Weilenmann e H. Ruckstuhl

Mutter und Kind
Le nostre nonne, le nostre mamme

Mein Dorf ist das schönste für mich, weil in meinem Dorf meine Mutter lebt. Und alle Jungen müssen dies akzeptieren. (HTo, 1909)

Die Mutter, die Grossmutter haben die Gabe der Allgegenwärtigkeit des heiligen Antonius. Beim Ave Maria sind sie schon auf den Füssen und manchmals auch früher. Das Angelus vergessen sie nie. Das Feuer angezündet, die Hausarbeiten gemacht, das Frühstück vorbereitet (...). Sie arbeitet im Haus, arbeitet auf dem Feld, sie ist die Erste, die sich erhebt und die Letzte, die schlafen geht. (...) Immer mit heiterer Stirn und ruhiger Seele. (...) Nie ein Wort des Widerspruchs, der Verzweiflung. Es ist in Leben voller Opfer, das Leben der Mutter, zu diesem ist sie auserwählt! Ob, dieser unerschütterliche Glauben! Seid gesegnet, ob, heilige, fromme Frauen: Die Bestimmung Eures Lebens ist das Opfer und der Preis ist die Liebe.
(Mo. Hans M. Sartori, 700 anni Bosco Gurin, Bellinzona 1956)

Diese selbstverständliche Treue zu Gott und der Kirche hast Du als kostbares Erbe Deiner Vorfahren, besonders Deiner Mutter, die eine wahrhaft grosse Frau war, von Deinem Heimatdorf in den Tessinerbergen mitgebracht. (NZN 12.2.1959)

Il mio paese a me è più bello perché nel mio paese è la mia mamma. E ogni giovane develo rispettare. (HTo, 1909)

La mamma, la nonna hanno il dono dell'ubiquità di Sant'Antonio. All'Avemaria sono già in piedi e talvolta anche prima. L'Angelus non è mai dimenticato. Acceso il fuoco, fatte le faccenduole di casa, preparata la colazione (...). Lavora in casa, lavora in campagna, è la prima ad alzarsi e l'ultima a coricarsi. (...) Sempre il volto sereno e l'animo tranquillo. (...) Mai una parola di sconforto, di disperazione! È una vita di sacrifici quella della mamma, ad essa è votata! Oh, quella incrollabile fede! Siate benedette, o sante pie donne; scopo della vostra vita è il sacrificio, premio è l'amore.
(Mo. Hans M. Sartori, 700 anni Bosco Gurin, Bellinzona 1956)

Questa naturale fedeltà a Dio ed alla chiesa, lasciatai in preziosa eredità dai tuoi antenati, soprattutto da tua madre, che era una donna veramente grande, te la sei portata appresso dal tuo paese natale fra le montagne ticinesi.
(NZN 12.2.1959)

4159

Immer wieder, wenn es auf den zweiten Maisonntag zugeht, sehen wir in zahlreichen Schaufenstern künstlerische Plakate, die uns daran erinnern, dass wir diesen Tag zum Muttertag gewählt haben. In diesem Jahre ist das Plakat eine Arbeit des in Zürich lebenden Walser Künstlers Hans Tomamichel, der das ewige Thema von Mutter und Kind ebenso schlicht wie innig gelöst hat. (NZZ 28.4.1952)

...die hl. Mutter, der Stern der Meere, wird uns begleiten u. segnen. (HTo 26.11.1925)

Ogni volta che si avvicina la seconda domenica di maggio, i manifesti artistici esposti in molte vetrine ci ricordano che questo giorno è stato dedicato alla festa della mamma. Quest'anno il manifesto riproduce un lavoro dell'artista «Walser» Hans Tomamichel, abitante a Zurigo, che ha risolto in modo allo stesso tempo semplice e intenso l'eterno tema della madre col bambino. (NZZ 28.4.1952)

... la santa Madre, la stella dei mari, ci accompagnerà e ci benedirà. (HTo 26.11.1925)

Beati sono i bambini, essi sono il grande ricordo del mattino della Creazione. Dedicato con riconoscenza a Hans Tomamichel, l'artista di questo libretto. (P. Bruno Scherer, 12.1.1960)

Bruno Stefan Scherer,
Vom Geheimnis des Kindes, Luzern 1959

Eine so opferfreudige Seele wie meine gute Anny wird gewiss auch eine so innig liebe Mutter. Ich freue mich darauf, denn eine gute edle Mutter ist doch die Seele der Familie, aus der so viel Sonne strahlt u. der ganze Kreis so wunderbar beleuchtet. (HTo 26.11.1925)

Un'anima così pronta al sacrificio come la mia buona Anny di sicuro diventerà anche una mamma profondamente amorevole. Ne sono felice, perché una buona mamma nobile è veramente l'anima della famiglia, da cui risplende tanto sole che illumina in modo meraviglioso tutta la cerchia. (HTo 26.11.1925)

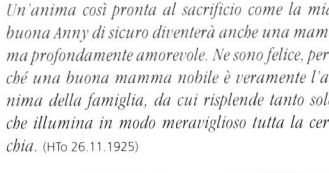

Anny Tomamichel-Kaiser und Kinder, 1942

P.M. Scholler, Die Glückspendende Mutter, Freiburg 1951

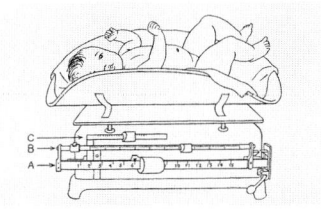

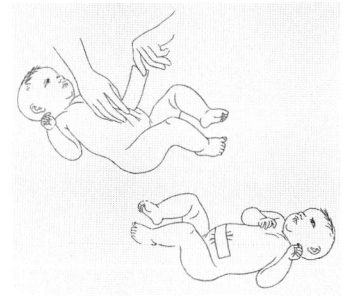

WIEGENLIEDER UND GEBETE

Allen Kummer u. Sorgen, alle Not u. Qual, alle Lust u. Freude wickelt sie ein in ihrer finstern Decke. Fast wie eine Mutter, die ihr Kind auf ihren Armen nimmt, ihm die Tränen tröcknet, einen innigen Kuss auf die Stirne drückt u. es zudeckt – – und bald liegt es in tiefem Schlummer!
Schlafe u. vergesse! Ein neuer frischer Morgen wird Dir wieder beschieden sein! –
Schlafe sanft u. ruhe Dich aus, den auf der Mutter Armen bist Du gut geborgen.
Ganz still ist es geworden, nur die leise Atemzüge eines schlummernden Kindes beben und brechen die Starre der Nacht. - - - -
(HTo, Plauderstündchen, Juli 1925)

Avvolge nella sua buia coperta tutte le pene e le preoccupazioni, tutti i pericoli e le sofferenze, ogni desiderio ed ogni gioia. Quasi come una mamma, che prende in grembo il suo bambino, gli asciuga le lacrime, lo bacia teneramente sulla fronte e lo copre - e ben presto giace in un sonno profondo!
Dormi e dimentica! - Ti sarà concesso un nuovo fresco mattino!
Dormi dolcemente e riposati, perché in grembo a tua madre sei ben protetto.
È sceso il silenzio, solo il sommesso respiro di bambino addormentato fa fremere e rompe l'immobilità della notte. ---
(HTo, Plauderstündchen, luglio 1925)

Walter Abegg, Tagebuch der Säuglingspflege, Zürich 1947

Adolf Guggenbühl, Heile heile Säge, Zürich 1947

Schlaf, Chindli, schlaf.
De Vater hüetet d Schaf,
D Mueter schüttlet s Bäumeli,
Da falled schöni Träumeli,
Schlaf, Chindli, schlaf.

*

Schlaf, Chindli, schlaf.
Uf de Matte sind zwei Schaf,
Es schwarzes und es wißes,
Die wämer s Chindli bißè,
Da seit do s Müeti: nei, nei, nei,
Biß mer s Chindli nüd is Bei.

Schulbücher und Berufsbilder

Hans Tomamichels unerschöpflicher Bilderschatz und seine gewissenhaft interessierte Art, sich unbekannte Bilder durch Beobachtung und Übung anzueignen, prädestinieren ihn dazu, Schulbücher und Wörterbücher zu illustrieren und verschiedene Berufsbilder mit Illustrationen zu begleiten.

5. del Inverniciatore
6. del vetraio
7. del tapeziere
8. Il pentolaio
13. del pescatore
14. del pastaio
15. del pasticciaio
16. del pezzicagnolo
17. del trutiere
18. Il lataio
19. dell'erbaiolo
20. del merciaio
21. del sarto
22. della stiratrice
ecc. ecc.
(HTo 1908)

Mein erstes Schulbuch, Einsiedeln 1943

Rudolf Blöchlinger, Wie schreibt man, St. Gallen, 8. Auflage 1971

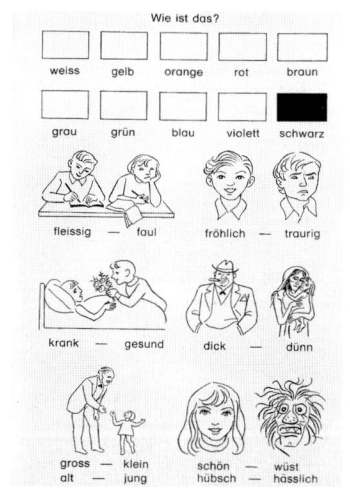

11. Auflage 1976

Libri scolastici e professionali

L'inesauribile patrimonio di immagini e la capacità di far proprie attraverso l'interesse, l'osservazione e l'esercizio figure a lui estranee, fanno di Hans Tomamichel la persona ideale per illustrare libri scolastici e vocabolari o per accompagnare con disegni la descrizione delle professioni.

der Saal
die Saat
der Sabbat
der Säbel
die Sache
der Sack
der Safran
der Saft
die Sage
die Säge
die Sahne
die Saite
das Sakrament
usw. usw.
(Rudolf Blöchinger, Christian Mägerle, So schreibt man..., 1978)

R. Blöchiger, C. Mägerle, So schreibt man..., Herisau 1978

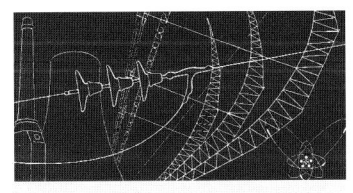

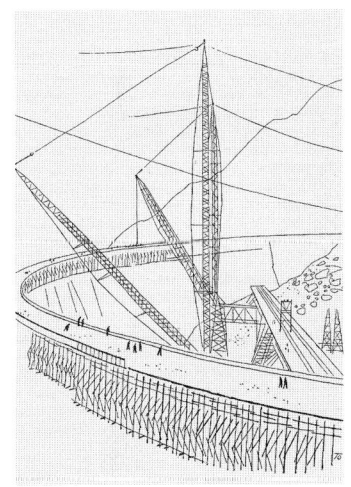

A. Imhof, Die akademischen Ingenieurberufe, Zürich, ohne Jahrgang

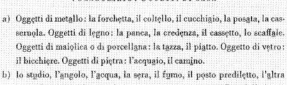

Brandenberger-Regazzoni, Parliamo italiano, Zürich 1968

Kalte Krieger

Der Weltkrieg ist in den Kalten Krieg übergegangen und die Schweiz, wirtschaftlich weltoffen und erfolgreich wie nie, macht keine Anstalten, das an der Landi 1939 bezogene mentale Réduit zu verlassen. *Nur die gemeinsame Einsicht aller werden die Schweiz und die Schweizer nach dem Willen der Gründer von Bund und Staat frei bewahren und unsere Lebens- und Denkart erhalten. Im Ansturm fremder Ideen und vor oft überraschenden Ereignissen ist es heute doppelt notwendig, dass die Schweizer festen Stand und inneren Halt haben.* (Vorwort zum Soldatenbuch von Bundesrat Chaudet 1957). Mit dem «Soldatenbuch» und 10 Jahre später mit dem «Illustrierten Handbuch über das Verhalten im Kriege», die beide über längere Zeit zur Ausrüstung jedes Schweizer Soldaten gehören, finden die Zeichnungen von Hans Tomamichel ihre weiteste Verbreitung.

Eine Kompanie Soldaten. Wie viel Leid und Freud ist das … (Soldatenbuch)
Der aufgegriffene Spion oder Geheimagent wird vor Gericht gestellt. (Verhalten im Krieg)

Una compagnia di soldati. Quanta sofferenza e quanta gioia… (Libro del soldato)
La spia o l'agente segreto catturati vengono portati davanti al tribunale. (Comportamento in guerra)

I combattenti della guerra fredda

La guerra mondiale ha lasciato il posto alla guerra fredda e la Svizzera, aperta al mondo e coronata da successo come non mai in campo economico, non dà nessun segno di voler abbandonare il ridotto mentale in cui si è trincerata dalla Landi, l'esposizione nazionale del 1939. *Solo una visione comune condivisa da tutti potrà preservare la libertà della Svizzera e degli Svizzeri e salvaguardare il nostro stile di vita ed il nostro modo di pensare, così come voluto dai fondatori della Confederazione e dello Stato. Di fronte all'assalto di nuove idee e di avvenimenti spesso imprevedibili, è oggi doppiamente necessario che gli Svizzeri stiano ben saldi ed abbiano forza interiore.* (Prefazione al libro del soldato del Consigliere federale Chaudet 1957). Col «Libro del soldato» e, dieci anni dopo, col «Manuale illustrato sul comportamento in caso di guerra», che a lungo faranno parte dell'equipaggiamento di ogni soldato svizzero, i disegni di Hans Tomamichel raggiungono la loro diffusione più ampia.

200 000 Greise und Greisinnen

1918 als Forderung des Generalstreiks noch schroff abgewiesen, nehmen die stimmberechtigten Männer 1947 die AHV-Vorlage an. Die Schweiz bettet sich um zum Sozialstaat. Hans Tomamichel engagiert sich als Illustrator auf der Seite des Pro-Komitees.

200 000 anziani e anziane

Il progetto di AVS viene accettato in votazione nel 1947, mentre in occasione dello sciopero generale del 1918 questa rivendicazione era stata decisamente respinta. La Svizzera si trasforma in uno stato sociale. Hans Tomamichel si impegna quale illustratore al fianco del comitato a favore.

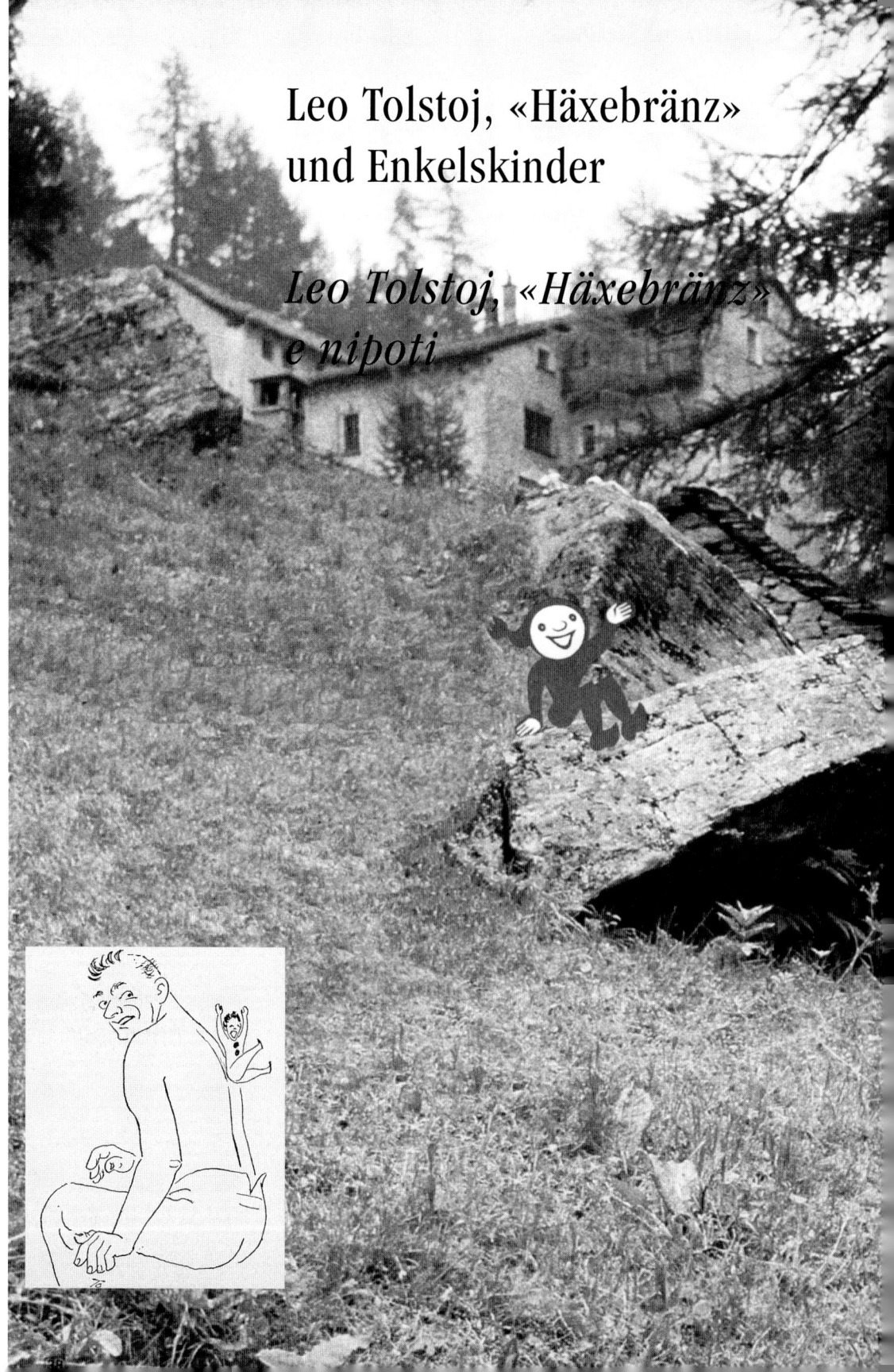

Ich bin «unverwüstlich», aber man darf es nicht zu laut sagen.
(HTo an Margrit Pfiffner-Tomamichel und Familie 14.8.1974)

Sono «indistruttibile», ma non bisogna dirlo troppo forte.
(HTO a Margrit Pfiffner-Tomamichel e famiglia 14.8.1974)

Leo Tolstoj, «Häxebränz» und Enkelskinder

Leo Tolstoj, «Häxebränz» e nipoti

Dem menschlichen Verstand ist die Gesamtheit der Ursachen der Erscheinungen unzulänglich. Aber das Bedürfnis, diese Ursachen aufzuspüren, liegt in der Seele der Menschen. (Leo Tolstoi, Krieg und Frieden aus: Geist der Wende, Vom Realismus zum Surrealismus, 1966)

L'intelletto umano non può arrivare a comprendere la totalità delle cause dei fenomeni. Ma il bisogno di scoprire queste cause, è insito nell'anima degli uomini. (Leone Tolstoi, Guerra e pace, da: Geist der Wende, Vom Realismus zum Surrealismus, 1966)

99 x Züritüütsch, Wie me Züritüütsch tänkt, redt, schrybt säit de Häxebränz, Zürich 1975

Wo der Rücken seinen ehrlichen Namen verliert
(Paul Stichel, Sticheleien, Stäfa 1973)

Dove la schiena perde il suo buon nome
(Paul Stichel, Sticheleien, Stäfa 1973)

Leo Pfiffner, 13.1.1964

Um de Rank ume (99 x Züritüütsch, Zürich 1975)

Um de Rank ume

Unser Bild, wiederum von Hans Tomamichel, zeigt Meinrad mit dem hocherhobenen Kreuz, das die Mitte seines Lebens war; es deutet den Finstern Wald an, in den er sich zurückzog, und seinen Tod durch die beiden Räuber. Besonders zur Geltung kommen die beiden Raben: ihm dienend zu Füssen und die keulenschwingenden Mörder verfolgend. Rechts im Bild sehen wir kerzenumleuchtet Unsere Liebe Frau von Einsiedeln und betende Pilger. (Franz Demmel, Caritasbund Zürich, 2. Quademberbrief 1983)

La nostra illustrazione, ancora una volta di Hans Tomamichel, mostra Meinrado che solleva la croce, il fulcro della sua vita; egli indica la foresta buia, nella quale si ritirò, e la propria morte per mano di due ladroni. Risaltano in modo particolare i due corvi: mentre lo servono ai suoi piedi e mentre danno la caccia ai due assassini che brandiscono la clava. A destra dell'illustrazione vediamo pellegrini in preghiera e la nostra amata Signora di Einsiedeln, illuminata dalla luce delle candele. (Franz Demmel, Caritasbund Zürich, 2. Quademberbrief 1983)

10026

Es ist ja altbekannt, dass ein Genie an Wahnsinn grenzt; und wenn es unter den modernen Künstlern oft Werke gibt, die nach unserem Begriff wahnsinnig aussehen, so trösten wir uns ruhig mit dem Genie.

(HTo Vortrag Das Wesen der modernen Malerei 1928)

È noto da tempo che un genio si avvicina alla follia; e se fra gli artisti moderni ci sono spesso opere che secondo la nostra concezione sembrano folli, allora mettiamoci l'anima in pace con il genio.

(HTo, conferenza sull'essenza della pittura moderna 1928)

Auf der Suche nach dem Wesentlichen
oder das Bewahren der Mitte
*Alla ricerca dell'essenziale
ovvero mantenere il centro*

Etwas ratlos im Blätterwald Hans Tomamichels stehend und nach dem roten Faden in seinem verwirrend vielseitigen Werk fragend, nach dem Grundton all dieser Melodien suchend, den werbenden und fröhlichen, den flirrenden und gefassten, den engelshaft abgerückten und menschlich leidenden, den lauten und leisen, den bewegten und gefrorenen, den farbigen und den schwarzweissen, krümmt sich der Text zum Anfang zurück in der Hoffnung durch dieses Umkreisen einen Blick auf den Mittelpunkt zu erhaschen.

Ich bin mit einer gesunden Beobachtungskraft von meinen rohen Bergen in die Stadt hinunter gestiegen. (HTo 26.10.1924)

Beobachtungskraft, gepaart mit aussergewöhnlichem Zeichentalent, beide in den Bergen der Kindheit gewachsen, bilden die Grundlage des grafischen und künstlerischen Gestaltens von Hans Tomamichel. *Unser Vater hatte das fotografische Auge; er trug die Formen und Bewegungen als innere Bilder in sich.*

(Elisabeth Flüeler-Tomamichel, 2001)

Auf der Suche nach dem Wesentlichen oder das Bewahren der Mitte

Alla ricerca dell'essenziale ovvero mantenere il centro

Standomene qui un po' perplessa in mezzo alla foresta di fogli di Hans Tomamichel e domandandomi quale sia il filo conduttore della sua opera, così poliedrica da rimanerne disorientati, cercando il tono di fondo che accomuna tutte queste melodie, quella accattivante e quella allegra, quella vibrante e quella compita, quella angelicamente distante e quella umanamente sofferente, quella rumorosa e quella silenziosa, quella agitata e quella immobile, a colori e in bianco e nero, il testo vuole ripiegarsi su sé stesso e ritornare all'inizio, nella speranza che questo periplo permetta di carpire l'essenziale.

Sono sceso dalle mie rudi montagne verso la città dotato di un sano spirito di osservazione.

(HTo 26.10.1924)

Spirito di osservazione, appaiata ad un eccezionale talento per il disegno, sviluppatisi entrambi fra le montagne dell'infanzia, costituiscono le fondamenta dell'opera grafica ed artistica di Hans Tomamichel. *Nostro padre aveva un occhio fotografico; egli portava dentro di sé le immagini delle forme e dei movimenti.*

(Elisabeth Flüeler-Tomamichel, 2001)

Und wenn Anny ihrem Hans mitten in seiner künstlerisch fruchtbarste Zeit in Paris zwischen 1925 und 1927 zuruft: «Hans, Du verknöcherst!» - so hat sie die spätere Erstarrung der Linie in ihrer vollendeten Eindeutigkeit vorausgesehen, die ihre Ursache paradoxerweise gerade in der grundlegenden, nichts ausschliessenden Offenheit des Wesens von Hans Tomamichel findet, welche gleich einem Seismograph die Wellen des Zeitgeistes aufzuzeichnen fähig war. Hans Tomamichel ist ein blanker Spiegel seiner Zeit, der Schweiz des 20. Jahrhunderts. Auf dem festen Fundament des Wertekatalogs seiner bäuerlichen Herkunft erlebt und dokumentiert er die weltoffene, aber auch zerrissene Urbanität der Zwischenkriegszeit, die trotzige Gedrücktheit der Kriegsjahre, die satte Selbstzufriedenheit der Hochkonjunktur.

Die Kammer des Kindes Hansantuni ist festgezimmert und klar. *An den Wänden sind das Kruzifix und die Bilder aufgehängt.* Horizontale und Vertikale, das Kreuz als Mittelpunkt des Lebens inmit-

Mein Zimmerchen
Mein Zimmerchen ist luftig und geräumig. Es hat vier helle Wände, hat eine Decke und einen immer sauberen Boden. Drei schöne Fenster lassen Luft und Licht in mein Zimmer eintreten, das heisst zwei gegen Süden und eines gegen Westen. Auf einer Seite ist der Platz des Bettes. An den Wänden sind das Kruzifix und die Bilder aufgehängt. In meinem Zimmerchen befindet sich ein Kasten, wo die Kleider bereit gelegt sind. (HTo 1911)

La mia cameretta
La mia cameretta è ariosa e spaziosa. Essa ha quattro pareti di color chiaro, ha un soffitto ed un pavimento sempre puliti. Tre belle finestre lasciano entrare nella mia camera l'aria e la luce, cioè due situate vero mezzodì, e uno verso occidente. Da una parte è posto il letto. Alle pareti sono appesi, il crocefisso ed i quadri. Nella mia cameretta si trova un armadio ove sono ben disposti i miei vestiti. (HTo 1911)

Das Licht und die Dunkelheit. Der Tag und die Nacht. Der Morgen und der Abend. Der Winter und der Sommer. Das Feuer und das Eis. Die Hitze und die Kälte. Der Himmel und die Erde. Die Kraft und die Schwachheit. Die Gesundheit und die Krankheit. Die Lüge und die Wahrheit. Der Reichtum und die Armut. Die Gerechtigkeit und die Ungerechtigkeit. Die Güte und die Bosheit. Die Liebe und der Hass. Die Sorgfalt und die Nachlässigkeit. Das Leben und der Tod. Das Leiden und die Freude. Die Bildung und die Unwissenheit. Der Berg und das Tal. Der Wald und die Wiese. (HTo 1911)

La luce e le tenebre. Il giorno e la notte. Il mattino e la sera. L'inverno e l'estate. Il fuoco e il ghiaccio. Il caldo e il freddo. Il cielo e la terra. La forza e la debolezza. La salute e la malattia. La menzogna e la verità. La ricchezza e la povertà. La giustizia e l'ingiustizia. La bontà e la cattiveria. L'amore e l'odio. La diligenza e la negligenza. La vita e la morte. Il dolore e la gioia. L'istruzione e l'ignoranza. Il monte e la valle. Il bosco e il prato. (HTo 1911)

E quando, durante il soggiorno parigino, proprio nel periodo artisticamente più fecondo, Anny avverte il suo Hans «Ti stai fossilizzando!», ella non fa altro che prevedere l'irrigidimento del tratto che si avvererà nel futuro. Un irrigidimento inequivocabile che, paradossalmente, ha la sua origine proprio nel carattere fondamentalmente aperto a tutto di Hans Tomamichel il quale, come un sismografo, è capace di registrare il movimento altalenante della storia. Egli è un limpido specchio del suo tempo, la Svizzera del 20. secolo. Poggiato sulle solide fondamenta dei valori ereditati dal suo mondo contadino d'origine, Hans Tomamichel vive e documenta l'urbanità degli anni fra le due guerre, aperta al mondo e nello stesso tempo lacerata, il testardo scoraggiamento degli anni di guerra, il sazio autocompiacimento dell'alta congiuntura.

La cameretta del bambino Hansantuni è solida e luminosa. *Alle pareti sono appesi il crocifisso ed i quadri.* Orizzontale e verticale, la croce come centro della vita, fra cori di angeli, angeli custodi, Marie e

ten der Engelschöre, der Schutzengel, Marien und Heiligen. Der wohlgeordnete, saubere, helle Raum und der Blick hinaus zum Himmel, den Lärchen und den Bergen. Das Ave Maria der nahen Kirche inmitten der eng zusammengerückten Häuser, das beruhigende Geläute der Kuhglocken und das Gebimmel der Glöcklein der Ziegen. Mutter, Vater, Geschwister und Nachbarn, die alle nah sind und irgendwo verwandt. Kirche und Schule als Vermittler von Wissen und Moral.

Mit dieser Grundhaltung bewehrt, *stieg der fünfzehnjährige Hans Anton hinunter in die Stadt,* bewegte sich durch die Triebsamkeit Zürichs, später durch das *Gewühl* von Paris als lernender Künstler, dann als Grafiker und Familienvater durch die lange Zeit des Lebens in Zürich und Bosco Gurin, stets mit aufrechtem, gegen den Himmel gerichteten Gang, doch auch bezaubert von der Mannigfaltigkeit der Erscheinungen, seien es die anzupreisenden Produkte des Werbegrafikers, die tanzenden Liebespaare in Paris, die Heiligen und das Kreuz in den Kirchen, die an der Grenze wachenden Schweizer Soldaten und die Mütter inmitten ihrer Kinderschar, die Bilder grosser Meister, sei es eine Bewegung, ein Wort, ein Stirnrunzeln, ein Schmunzeln, ein Lachen. *Lacha wia a Rufanu* - lachen wie eine Steinlawine. Das Ulmer Knechtli strotzt vor Lebensfreude, Knorrlis Suppentellergesicht strahlt voller unbedenklicher Fröhlichkeit, der bewegte Strich der Pariserfiguren der Nächte voller Musik und Tanz bezeugt zeichnerische Lust, der Schalk sass auch dem Menschen Hans Tomamichel im Nacken. *Nach meiner Auffassung ist es unmöglich sich ganz von dem Weltlichen zu trennen, wie sollte es z.B. mir möglich sein, da mich mein Beruf mitten im Weltlichen drinn stellt u. von mir fortwährend geistige Werte fordert. Um diesen Forderungen zu entsprechen, muss man doch Freude haben am Leben.* (HTo 21.11.1924) Bewegt vom Spiel der Erschei-

> «Rächän-üss!»
> *Man wirft mir vor, dass ich rechne u. überlege, man dürfe doch nicht so sein. (...) Es kann aber auch gut sein und klug! Aristoteles schreibt folgendes: Ein kluger Mann zeigt sich darin, dass er wohl zu überlegen weiss, was ihm gut und nützlich ist, nicht in einer einzelnen Hinsicht, z.B. in Bezug auf Gesundheit u. Kraft, sondern in Bezug auf das, was das menschliche Leben gut u. glücklich macht.» (...) Seelisch darf man nur das aufnehmen, was der Seele einen Nutzen bringt; beruflich klug nur das, was vereint mit dem inneren Verstand u. Gesinnung, uns auf dieser Bahn weiter bringt. (...) Wachsen ist doch ein fortwährendes Denken und Überlegen, klug überlegen. In der Klugheit wachsen, wird klares Urteil erfordert u. um letzteres zu erlangen, ist die Mässigkeit doch Grundprinzip.* (HTo 6.6.1925)

Santi. La stanza ben ordinata, pulita, luminosa e lo sguardo rivolto all'esterno, verso il cielo, i larici e le montagne. L'Ave Maria della chiesa vicina, posta in mezzo alle case addossate una all'altra, il suono rassicurante dei campanacci delle mucche e lo scampanellio delle capre, madre, padre, fratelli e conoscenti, tutti vicini ed in un qualche modo apparentati. Chiesa e scuola quali intermediari del sapere e dei valori morali.

Armato di queste convinzioni, il quindicenne Hans Anton *scese verso la città*. Nei panni dell'artista avido di imparare fece la sua strada attraverso l'operosità di Zurigo ed il *trambusto* di Parigi; come grafico e padre di famiglia proseguì il suo cammino durante i lunghi anni a Zurigo e Bosco Gurin, sempre con andatura eretta, sempre sulla retta via, rivolto al cielo e nello stesso tempo affascinato dalla varietà dei fenomeni terreni, sia che fossero i prodotti che il grafico doveva pubblicizzare o le coppie di amanti che ballavano a Parigi, i Santi e la Croce nelle chiese o i soldati svizzeri che facevano la guardia alle frontiere, le madri in mezzo alle frotte di bambini o i quadri dei grandi maestri, un movimento, una parola, un corrugarsi della fronte, un sorriso di complicità. *Lacha wia a Rufanu* - ridere «come una frana». L'»Ulmerknechtli» è pieno di gioia di vivere, la faccia a forma di piatto del «Knorrino» è raggiante, colma di gioia spensierata; il tratto nervoso delle figure delle notti parigine piene di musica e danza rivela voglia di disegnare: Hans Tomamichel era anche un burlone. *Secondo me è impossibile staccarsi completamente dalle cose di questo mondo. Come dovrebbe essermi possibile, dato che il mio lavoro sta nel bel mezzo della mondanità e richiede da me un continuo sforzo intellettuale. Per soddisfare queste esigenze bisogna pur aver piacere alla vita.* (HTo 21.11.1924) Commosso dal gioco della vita, continuamente alla

nungen, immerdar auf der Suche nach deren innerem Wesen, seien es Seifen, Suppen, Soldaten oder das Ausgiessen des heiligen Geistes an Pfingsten, stets Mass und Mitte bewahrend, ringt Hans Tomamichel darum, dieses in Zeichnung und Bild wirkungsvoll erfahrbar zu machen.

Dass weder Eindeutigkeit noch Wirklichkeitsnähe etwas über Wahrheit und Wesen aussagt, zeigt sich in der faszinierenden Zauberhaftigkeit der kubistisch gefärbten Skizzen und der einen kandinskyartig bewegten Zeichnung von Bosco Gurin, aber auch in der ungebrochenen Magie des knorrigen Knirpses mit dem strahlenden Suppengesicht, einem späten Abkömmling der *Welta* in den Höhlen der lichten Lärchenwälder von Bosco Gurin, der wilden, sagenumwobenen Leutchen, die seit altersher den Bewohnern des Dorfes zur Seite stehen.

Heigetmer nit ver ungüet. Jeschi Lit griazanech! Blibet g'sundi un bättet isch öw!
Gott b'hiat ech un guet Nacht, schlafet dä schean.
Töin

ricerca dell'essenziale, sia che si tratti di saponi, di minestre, di soldati o della discesa dello Spirito Santo a Pentecoste, osservando sempre moderazione e mantenendosi sulla via di mezzo: Hans Tomamichel si impegna a fondo per tradurre questo atteggiamento in chiare raffigurazioni.

Che né la chiarezza né il realismo rivelino qualcosa sulla verità e sull'essenza dei fenomeni, si capisce osservando il fascino magico degli schizzi a carattere quasi cubista o nel disegno di Bosco Gurin, vicino a Kandinsky. Si capisce anche osservando la indomita magia del nanetto della Knorr con la faccina raggiante, un tardo discendente dei *Welta*, di quei leggendari omiciattoli selvaggi, abitanti delle caverne nelle rade foreste di larici di Bosco Gurin, che da tempi antichi stanno accanto alla popolazione del villaggio.

4086

4201

Hast Du schon gesehen eine Tanne, oben in den verlassenen Bergen, deren Stamm gerade, u. fest eingewurzelt in harter Erde u. deren Krone machtvoll sich zum Himmel hinaufschwingt? Hast Du gesehen, wie sich ihre Äste so schön und regelmässig harmonisch ausbreiten, unten fester u. oben so zart u. fein.
Das ist ein Prachtwerk der Natur, dem kein gotischer Bau gleichkommt.
Ist es nicht der Mensch wie er sein könnte u. wie er werden kann wenn er auf den vertraut der all' diese Schönheiten an ihm vorüber ziehen lässt? (HTo 29.4.1925)

Ombra io son
Dal sol uscita,
Segno
Del giorno l'ora,
Dell'uom la vita

Hai già visto un abete, in alto sulle montagne sperdute, col tronco diritto ben radicato nella dura terra e la corona slanciata verso il cielo? Hai visto come i suoi rami si spiegano, belli, regolari, armonici, in basso più robusti ed in alto così delicati e sottili.
Questa è una grandiosa opera della natura che nessuna costruzione gotica arriva ad eguagliare.
Non è questo l'uomo, come potrebbe essere e come può diventare, se confida in chi gli fa passare affianco tutta questa bellezza? (HTo 29.4.1925)

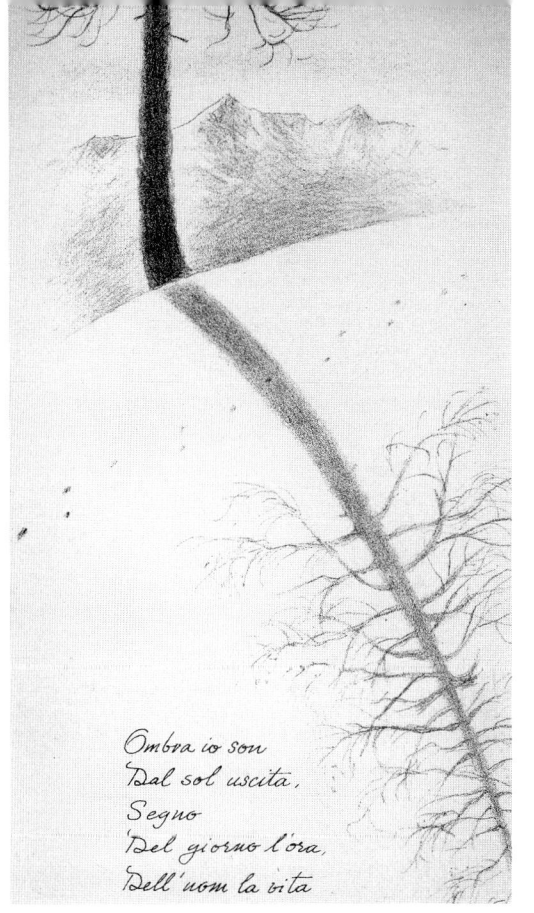

Literaturhinweise, Bildnachweis, Auszug aus dem Werkkatalog

Rimandi bibliografici, Indice delle illustrazioni, Estratto dal catalogo dell'opera

Das heute greifbare Werk Hans Tomamichels umfasst gegen zehntausend Skizzen, Zeichnungen, Radierungen, Aquarelle, Oelgemälde, Sgrafitti, kirchliche Einrichtungsgegenstände, Entwürfe zu Intarsien und Möbel, …über 100 illustrierte Bücher und Broschüren sowie unzählige Illustrationen in Zeitungen und Zeitschriften. Es befindet sich teilweise in öffentlichem Besitz, zum grössten Teil jedoch in Privatbesitz.

L'opera oggi accessibile di Hans Tomamichel si compone di circa diecimila fra schizzi, disegni, acqueforti, acquerelli, dipinti ad olio, graffiti, arredi sacri, progetti di intarsi e di mobili, …ai quali si aggiungono oltre 100 libri illustrati ed innumerevoli illustrazioni in giornali e riviste. In parte fruibile dal grande pubblico, l'opera è tuttavia per la maggior parte di proprietà privata.

Auswahl von Auftraggebern
Selezione dei committenti

Melchior Annen, Zürich
Bühler Buchdruckerei, Zürich
Caritas Zürich, Zürich
Eidg.Militärdepartement, Bern
Einhorn-Teigwaren, Affoltern am Albis
Elektritätswerke der Stadt Zürich
Eternit AG, Niederurnen
Fremden-Verkehrsbüro Luzern
Fremden-Verkehrsbüro Wengen
Geiger & Hutter, Zürich
Generalvikariat Zürich
Hafermühle Lützelflüh, Kentaur, Lützelflüh
Buchdruckerei Heller, Zürich
Kloster Disentis
L'Elettricità, Locarno
Lepontia Turicensis, Zürich
Licht AG, Goldau
Magazine Globus, Zürich
Maggi AG, Kempthal
Métropolitaine, Paris
Néstle-Peter-Cailler-Koller, Vevey
Neuveville et Seilaz, Parfumerie, Zürich
PKZ, Zürich
Rex-Verlag, Luzern
Schweizerspiegel-Verlag, Zürich
Sekundarlehrer-Konferenz Zürich
Sibler Haushaltfachgeschäft, Zürich
viele kath. Kirchgemeinden des Kantons Zürich
Gobi Walder, Zürich
Wolfensberger Druck, Zürich

Fotonachweis

Farbaufnahmen der Oelbilder, Pinselzeichnungen und Überformate:
Simone Stadelmann, Richterswil, 2001
S. 23:
Stube von Elisabeth Della Pietra in Bosco Gurin,
Ruth Voegtlin, Zürich, um 1970
S. 116/117:
Der achtzigjährige Hans Tomamichel in Bosco Gurin,
Schweizer Illustrierte vom 10.Sept. 1979
Plakate:
Museum für Gestaltung, Plakatsammlung Zürich

Indice delle fotografie

Fotografie a colori dei dipinti ad olio, dei disegni a pennello e dei grandi formati:
Simone Stadelmann, Richterswil, 2001
p. 23:
soggiorno di Elisabeth Della Pietra a Bosco Gurin,
Ruth Voegtlin, Zürich, attorno al 1970
pp. 116/117:
l'ottuagenario Hans Tomamichel a Bosco Gurin,
Schweizer Illustrierte del 10 settembre 1979
Manifesti:
Museum für Gestaltung, Plakatsammlung, Zurigo

Quellen

Neben schriftlichen berufen wir uns auf mündliche Quellen, vor allem auf Leonhard Tomamichel, Margrit C. Pfiffner-Tomamichel und Elisabeth Flüeler-Tomamichel, dann auf Alois Della Pietra (Bosco Gurin), Alphons Della Pietra (Sachseln), Hans Rossi (Chur), Aloysio Janner (Malden).

Die Briefe, Notizen, Schulhefte, Fotos, Rechnungsbücher, persönlichen Gegenstände usw. Hans Tomamichels befinden sich im Besitz der Erben H. Tomamichels.

In den Quellennachweisen wird Hans Tomamichel mit HTo abgekürzt. Wo nichts weiteres vermerkt ist, verweisen HTo und die Jahreszahlen von 1907 bis 1912 auf die Schulhefte Hans Tomamichels (Aufsätze, Diktate, Sprachübungen); HTo und die Jahreszahlen ab 1924 bezeichnen die Briefe Hans Tomamichels an seine Freundin und spätere Ehefrau Anny Tomamichel-Kaiser. Briefe von Anny Kaiser sind mit dem Kürzel AK - nach der Heirat mit ATo-K - versehen. Bei Briefe an dritte und von dritten werden die jeweiligen Namen erwähnt. Sowohl die Texte des Kindes als auch des Erwachsenen Hans Tomamichels sind im Wortlaut wiedergegeben; korrigiert wurden allein verunklärende Verschreibungen und Orthographiefehler der deutschen Texte.

Fremdzitate in Briefen Hans Tomamichels werden in seiner Schreibweise wiedergegeben; Zitate aus Büchern wurden von der Originalsprache direkt auf italienisch oder deutsch übersetzt, ohne allfällig bereits existierende anderssprachige Ausgaben beizuziehen.

Fonti

Accanto alle fonti scritte ci siamo riferiti alle fonti orali, soprattutto a Leonhard Tomamichel, Margrit C. Pfiffner-Tomamichel ed Elisabeth Flüeler-Tomamichel, oltre che ad Alois Della Pietra (Bosco Gurin), Alphons Della Pietra (Sachseln), Hans Rossi (Coira) e Aloysio Janner (Malden).

Le lettere, gli appunti, i quaderni di scuola, le foto e i libri di conto così come gli oggetti personali ecc. di Hans Tomamichel sono oggi di proprietà dei suoi eredi.

Negli indici delle fonti Hans Tomamichel viene abbreviato con HTo. Laddove non vi sono altri riferimenti, HTo e le date comprese fra il 1907 ed il 1912 rinviano ai quaderni scolastici di Hans Tomamichel (temi, dettati, esercizi di apprendimento della lingua); HTo e le date posteriori al 1924 designano le lettere di Hans Tomamichel alle sua amica, più tardi sua sposa, Anny Tomamichel-Kaiser. Le lettere di Anny Kaiser sono contrassegnate dall'abbreviazione AK - dopo il matrimonio ATo-K. Nel caso di lettere scritte a terzi o ricevute da terzi vengono menzionati i nomi del caso per esteso. I testi di Hans Tomamichel ragazzo e adulto sono riportati alla lettera; si è intervenuto unicamente laddove era necessario per una corretta lettura e comprensione del testo e dove vi erano errori di ortografia nei testi in tedesco.

Le citazioni di terzi nelle lettere di Hans Tomamichel sono riportate nello stile di scrittura che è il suo; le citazioni da libri sono state tradotte dalla lingua originale direttamente in italiano o in tedesco, senza compararle con quelle delle possibili edizioni già esistenti in altre lingue.

Literaturhinweise

In den Literaturhinweisen sind nur die in der Monographie erwähnten von Hans Tomamichel illustrierten und andere zitierte Bücher aufgenommen. Im übrigen wird auf das Archiv der Erben H. Tomamichels verwiesen.

Rimandi bibliografici

Nei rimandi bibliografici sono elencati unicamente i libri menzionati nella monografia, libri illustrati da Hans Tomamichel ed altri libri citati. Si rinvia inoltre all'archivio degli eredi di H. Tomamichel.

In der Monographie erwähnte illustrierte Bücher und Broschüren

Libri illustrati e prospetti cui si fa riferimento nella monografia

Jeanne Rychener alias Jean Chevrolet,
Die Versuchung des Herrn Carmosin, Schweizer Spiegel 1927
Die Jugend, verschiedene Hefte 1927
Rund ums Ulmer Knechtli, Zürich 1931
Giuseppe Zoppi, Das Buch von der Alp, Einsiedeln 1939
(edizione italiana 1921)
Fausto Pedrotta, Angelo Nessi, Bellinzona 1938
Ernst Eschmann, Das Klöppel-Anneli, Zürich 1928
Ernst Eschmann, Im Ferienhäuschen, Zürich 1929
Gerti Egg, Bethli und Hännli in der Ferienkolonie, Zürich 1929
Was nicht im Baedeker steht, Schweiz Ost und Süd, München 1932
Was nicht im Baedeker steht, Schweiz Nord und West, München 1933
Camillo Valsangiacomo, Serenata sulla Limmat, Lugano 1939
Wilhelm Umbricht, Raymund findet den Teufel, Einsiedeln 1938
Major Kunz, Froschperspektive, der Füs. Kp. zur Erinnerung
an den Aktivdienst 1939/40, 1945
Unstärblichi Gschichte us em alte Teschtamänt, Bern 1942
P. Bruno Scherer, Vom Geheimnis des Kindes, Luzern 1959
Grosse Schweizer Frauen, 1941 (Broschüre zur Ausstellung)
Frauen am Aufbau der Welt, 1946 (Broschüre zur Ausstellung)
Was jede Frau über Nylon wissen sollte, 1947
Soldatenbuch, 1958
Über das Verhalten im Krieg, 1958
Abstimmungsbroschüre des Pro-Komitees für die AHV, 1947
Pensioniert, 1954
Mein erstes Schulbuch, Einsiedeln 1943
Rudolf Blöchlinger, Wie schreibt man, St. Gallen 1971 und 1978
Rudolf Blöchlinger, Christian Mägerle, So schreibt man?, 1978
A.Imhof, Die akademischen Ingenieurberufe, Zürich,
ohne Jahrgang (1960/61)
Brandenberger-Regazzoni, Parliamo italiano, Zürich 1968

Zitierte Bücher
Libri citati

Angela Musso-Bocca, Le bruciate, Bellinzona 1934
Markus Kutter, Abschied von der Werbung,
Nachrichten aus einer unbekannten Branche, Basel 1976
(mit weiteren Literaturangaben)
Giuseppe Zoppi, Tessiner Erzähler, Zürich 1941
Max Frisch, Dienstbüchlein, Frankfurt 1973
Max Frisch, Schweiz ohne Armee?, Zürich 1989

Quellenangabe zu den Zeitungsartikeln im Text

Indicazione delle fonti
per gli articoli di giornale nel testo

Bosco Gurin
Emily Gerstner-Hirzel, Aus der Volksüberlieferung von Bosco Gurin, Basel 1979
Emily Gerstner-Hirzel, Bosco Gurin, Locarno 1996
Tobias Tomamichel, Bosco Gurin, 4. Auflage 1997
700 Anni Bosco Gurin, piccole notizie, Bellinzona 1956

Von Hans Tomamichel gesprochene Gurinerdeutsche Sprachproben
Brani in «gurinerdeutsch» di Hans Tomamichel
«Ds Jaar üss und e», in:
Schweizerdeutsche Mundarten auf Schallplatten, Zürich 1939
Im übrigen siehe CD Hans Tomamichel
Vedi inoltre il CD Hans Tomamichel

Hinweis auf Eintrag in Handbüchern
Rimando alle voce nei manuali
Lexikon der zeitgenössischen Schweizer Künstler, Frauenfeld 1981
Schweizer Grafiker,
Handbuch herausgegeben vom Verband Schweizerischer Grafiker, Zürich 1960

Bildnachweis
Katalog der abgebildeten Werke
(Auszug aus dem Werkkatalog)

Indice delle illustrazioni
Catalogo delle riproduzioni
(estratto dal catalogo dell'opera)

Nr.	Titel	Werkstoff/Technik	Datum	Periode	Höhe	Breite
1	Der Lautenspieler	Gips, farbig bemalt		19 - 24	35,8	25,5
2	Dächer von Paris	O auf L in Kr		25 - 27	46,5	55,5
10	Der Tourist	Tu, Fe auf P		30 - 39	21	28
29	weisshaariger Mann	O auf L in Kr	16. 1. 26		65,5	53,5
35	Bosco Gurin, ufum Henggart	Fe, Ti schw		50 - 59	21	29,7
38	Bosco Gurin, obru Ritana	Fe, Ti , schw. auf P		40 - 49	29,7	21
53 4	Palästina, Beduinen	Fe, Ti, auf P	36			
54 2	Bosco Gurin, Stadul ufum Henggart, Hühner	Bl auf P	10. 68		29,6	20,8
54 15	Bosco Gurin, Stall «in Pezza» mit Kirchturm	Kr braun auf P	10. 68		29,6	20,8
55 5	Naher Osten: Libanon, Beduinen	P, Tu auf P	36		29,7	21
55 6	Naher Osten: Aegypten	Fe, Tu auf P	36		29,7	21
60	Plakat zu «Festa Cantonale» Lepontia	Mehrfarbendruck	23		37,5	28,1
61	Paris, An der Seine	Fe, Tu auf P	27		27,1	20,8
63	Paris, Die Resten der Zivilisation	Fe, Tu auf P		25 - 27	27,1	21
64	Paris, Portraitstudien	Bl auf P, Flächen teilw. verrieben	26		27,2	20,4
72	Frankreich: südfranzösische Landschaft	Bl auf P	27		20,7	27
75 2	Portrait-Studien	A auf P, m Bl unterlegt		17 - 20		
75 10	Zwei Mädchen im Gras	A auf P, m Bl unterlegt		17 - 20		
75 14	Ziegenbock	A auf P, m Bl unterlegt		17 - 20		
75 40	Maria Tomamichel, 10 j	Bl auf P		17 - 20		
75 43	Bosco Gurin. Unterdorf	Bl auf P		17 - 20		
75 46	Lemuren	A auf P, m Bl unterlegt		17 - 20		
76	Paris, der Musiker	A auf P		25 - 27	29,6	20,9
87	Paris, Altstadtgasse	Fe, Tu auf P		25 - 27	41,5	26,3
88	Ulmer-Knecht Weinliste, z.20.Geburtstag	A m Bl unterlegt	42		18,6	21,8
90	Entwurf z Weinliste Ulmer & Knecht	A m Bl unterlegt		30 - 40	18,5	21,6
92	Soldaten-Zeitung, Füs Bat 105, Titelblatt	A auf P	12. 39		2,8	15,6
98	Rübezahl	Gips		19 - 25		
99	Krippenfiguren	Ton, gebrannt, natur	65			
2006	Paris, Frau in Grün	O auf L in Kr			55,5	45,5
2014	Selbstbildnis	O auf L in Kr		27 - 28	34	26
2015	Paysage St.Rémy	O auf L in Kr		25 - 27	33	41
2020 1	Dame mit rotem Hut	O auf L		25 - 27	80	60
2021 1	Dame in Rot	O auf L		25 - 27	45	37,5
2034	Clown mit zerbrochener Gitarre	Bl auf P	70		20	12,5
2043 9	Paris, Montmartre	Bl auf P		25 - 27	25,9	34,8
2043 13	Frankreich: Piquenique	Bl auf P		25 - 27	25,9	34,8
2044 31	Bosco Gurin, eine Tante (Jotta)	Bl auf P		20 - 27	26,7	21,8
2044 33	Bosco Gurin, Kirche	Kr, schw, auf P		20 - 27	26,7	21,8
2046 15,2	Bosco Gurin, Grossalp	Fe, Tu auf P	38		29,8	21,4
2046 27	Tessin, Vergleich Walserhaus/Haus in Foroglio	Fe, Tu auf P	38		29,8	21,4

Nr.	Titel	Werkstoff/Technik	Datum	Periode	Höhe	Breite
2046 36	Tessin, Studien, Bergblumen	Bl auf P	38		29,8	21,4
2047 x	Bosco Gurin, Studien	Fe, Ti auf P	38		34,1	25
2048 5	Paris, Schwarzer m Mädchen	Bl auf P		25 - 28	27,1	20,7
2048 7,1	Paris, Pax eterna: Beten m Mordgedanken	Bl auf P		25 - 28	27,1	20,7
2048 7,2	Paris	Bl auf P		25 - 28	27,1	20,7
2048 8	Paris,	Bl auf P		25 - 28	27,1	20,7
2048 12,1	Paris, Männer-Studien (Brustbilder)	Bl auf P		25 - 28	27,1	20,7
2048 13	Paris, Männer-Studien (ganze K)	Bl auf P		25 - 28	27,1	20,7
2052 23	Paris, Akademie	Bl auf P		25 - 27	34,6	26,5
2052 51	Paris, Der kleinliche Zeichner	Bl auf P		25 - 27	34,6	26,5
2052 58	Paris, Zwei Akt und Portrait	Bl auf P		25 - 27	34,6	26,5
2052 68	Paris, Akademie und Zeichner	Bl auf P		25 - 27	34,6	26,5
2053 5	Paris, Tanzpaar	Bl auf P		25 - 27	27,1	22
2053 14	Paris,Nu mit Schwert im Bauch	Bl auf P		25 - 27	27,1	22
2053 15	Paris, In der Métrostation	Bl auf P		25 - 27	27,1	22
2053 17	Paris, Mädchen an menschenleerer Str.ecke	Bl auf P		25 - 27	27,1	22
2058 4	Naher Osten: Palästina, Junger Händler	Bl auf P	36		21,1	15
2058 4,1	Naher Osten: Palästina, Strasse in Beyruth	Bl auf P	36		21,1	15
2058 15	Naher Osten: Palästina, Beduinen	Bl auf P	36		21,1	15
2061 1	Studien: Ross und Reiter	Fe, Tu auf festem P	15		22,9	21
2061 2	Studien: Pferde	Fe, Tu auf festem P	15		22,9	21
2062	Studie: Reduktionsventil	Fe, Tu auf festem P	30. 10. 15		30,8	2,7
2065	In der Musikbar	Bl u Plakatfarbe		25 - 27	27	20,7
2066	Paris, Schwarzer, Begleiterin von Moulin Rouge	Fe, Tu auf P		25 - 27	41,6	26,4
2068	Paris, «Verlassen»	Fe, Tu auf P	26		26,9	20
2069	Paris, An der Seine	Fe, Tu auf P		25 - 28	27,1	20,1
2070	Paris, an der Seine	Fe, Tu auf P, festes Papier gekl		25 - 27	27,1	20,5
2072	Paris, Treppe an der Seine	Fe, Tu auf P		25 - 27	27,1	20,7
2078	Paris, Ein Arbeiter	Fe, Tu auf P		25 - 27	26,7	20,8
2081	Paris, Montmartre	Fe, Tu auf P		25 - 28	26,6	21,1
2083	Paris, Strassenmusikanten	Bl auf P		25 - 27	27,2	20,8
2085	Frankreich, Belle Ile	Bl auf P		25 - 27	20,6	27
2086	Frankreich, Belle Ile, Auf dem Heustock	Bl auf P		25 - 27	21,7	27,1
2087	Frankreich, Belle Ile, Apothicairerie	Kr, schw, auf P	27		26,9	21,7
2088	Das Abendland	Bl auf P		25 - 27	41,7	26
2089	Paris, Varieté	Fe, Tu auf P auf H'karton		25 - 27	41,7	26
2090	Paris, Tanzlokal	Fe, Tu auf P mit Bl ergänzt		25 - 27	26	33,6
2093	Paris, Les Joueurs aux cartes	Fe, Tu auf P	27		27,2	20,7
2095	Paris, Varieté	Fe, Tu auf P		25 - 27	20,8	26,8
2096	Paris, Im Tanzlokal	Fe, Tu auf P auf weissem H'Kart		25 - 27	27,2	20,8
2097	Der PKZ-Schneider	A auf P, auf schw P gekl		25 - 27	27,2	19,7
2104	Tischset für Bahnhof-Büffet Zürich	Fe, Ti auf P		28 - 35	34,9	48
2107	Auf der Rennbahn	Fe, Tu auf P m Bl unterl, fest. P	27		27,3	20,1
2109	Arbeit - Energie - und Familie	Fe, Tu auf P, kaum m Bl hinterl.	54		29,6	42
2110	Entwurf zu Plakat, Das ganze Volk fährt Ski	A und Kohle auf P		40 - 49	29,5	20,8
2121 1	Selbstbildnis	A, Fe, Tu auf P, aquarelliert		25 - 27	26,8	20,1
2122 2	Titelbild zu Artikel: Herr Carmosin	Fe, Tu auf P, aquarelliert	27		26,8	20,1
2124	Entwurf zu Weinliste Ulmer &Knecht	Bl u Fst und Deckfarbe, fest. P		30 - 40	18,9	21,7
2126	Entwurf Soldatenmarke 1940, Füs Komp I/105	Bl Tu auf Ps/w	40		8,5	12,4
2128	Revolution	Pi, Tu auf P		30 - 39	41,9	26,7
2129	Wolgaschlepper und drei Geschäftsherren	Fe, Ti aufP		40 - 49	16,6	30,2
2130	Interniert oder Gefangen	Fe, Ti aufP		40 - 49	29,6	20,9
2134	David & Goliath	Fe, Ti aufP	42		29,5	21
2135	David & Goliath	Fe, Ti aufP	42		29,5	21
2136	David & Goliath	Fe, Ti aufP	42		21,9	21
2138	Signet. Caritasverband der Stadt Zürich	Fe, Ti und Deckweiss aufP	42		16,2	12,7
2139	arbeitslos	Fe, Ti und Deckweiss aufP	42		16,3	13,3
2144	Was ihr dem Geringsten meiner Brüder tut...	Fe, Tu auf P	44		3,5	29
4026	Portrait, Gius. Ant. Tomamichel 1839-1920	Bl auf P	15		49	38
4027	Portrait, Maria Lucia Tomamichel 1849-1911	Bl auf P	15		48	37
4029	Stillleben: Stuhl mit weissem Tuch & Tellern	Stuhl, braun mit Tuch, weiss		39	33	41,2
4032	Stillleben, Aepfel	O auf L in Kr		25 - 27	33,2	41
4033	Stillleben, Bücher, Früchteschale, Pflanze	O auf L in Kr		25 - 27	33,5	41,5
4038	Portrait, Anny Tomamichel	O auf L in Kr	29		66	49,8
4041	Afrikanerknabe mit grünem Hemd	O auf L in Kr	25		60,5	46,8
4042	Paris, Dächer	O auf L in Kr	27		50,2	64,8
4046	Bosco Gurin, Ferder, Blick z.Martschen	A, Ti auf P	18. 4. 52		32,9	43,5
4047	Bosco Gurin, Ferder, Geltstalde	A, Ti auf P	27 4. 51		32,9	43,5
4048	Bosco Gurin, Rosaliasch Hüss mit Kirche	A, Ti auf P	9. 8. 56		43,5	32,9
4086	Bosco Gurin, Ziegen im Vorfrühling	Fe Ti, schw auf P		40 - 49	42	30
4089	Bosco Gurin, Frauen	Fe, Ti schw auf P, auf l Kart		40 - 49	34,7	27,8
4090	Bosco Gurin	Fe, Ti, schw auf P	4. 45		42	30,2
4095	Plakat-Entwurf: Festa Centrale Lepontia	A, Plakatfarbe, Karton aufgez.	23		14,1	9,2
4097	Kentaur-Haferflocken	A, Plakatfarbe P, Karton aufgez.		20 - 25	32	23
4098	Der Biertrinker	A und Bl	20		27,3	20,1
4099	Titan Eier-Cognac	A, Bl auf P	29. 3. 23		12,1	9,6
4102	Paris: Studien	Bl. auf P		25 - 27	13,4	21
4103	Paris: Portrait-Studien	Bl. auf P		25 - 27	13,4	21
4104	Paris: Portrait-Studien	Bl. auf P		25 - 27	13,4	21
4107	Paris, Gitarrenspieler m Hut	Bl auf P		25 - 27	20,5	13,6
4111	Paris, beim Aktzeichnen	Fe, Tu auf P auf H'k			27,2	20,8
4113	Paris, Marché au Puce	Fe, Tu auf P auf fest. P gehejt	27		27,1	20,8
4117	Bretagne, Belle Ile, Kervellan	Bl auf P	27		27,1	205
4119	Paris, am Stammtisch	Fe, Tu auf P	27		29,2	26,2
4120	Studie zu: Im Bistro	Bl auf P	26		34,4	26,5
4121	Paris, Im Bistro	Fe, Tu auf P		25 - 27	27,2	20,9
4123	Paris, Eselskarren mit Marktleuten	Fe, Tu auf P		25 - 27	41,6	26,1
4125	Inserat, Der gutgekleidete Mann (PKZ)	A mit Bl unterl, P schw P kleb.		25 - 27	13,2	10
4126	Entwurf: PKZ-Plakat	A mit Bl unterl, P schw P kleb.		25 - 27	12,5	8,8
4127	Das gepflegte Paar	Fe, Tu auf P, s/w flächig		25 - 27	31,9	22,7
4129	Plakat-Entwurf: Musikgeschäft	A mit Bl unterlegt P auf schw P		25 - 27	23,5	17
4130	Stadttheater Zürich: Handskizzen	Fe, Tu auf P in 4 Bl Rähmchen		25 - 27	29,7	21
4131	Stadttheater Zürich: Skizzen	Fe, Tu auf P	48		29,7	21
4137	Stadttheater Zürich: Handskizzen	Bl auf P	48		10,6	14,8
4140 1	Stadttheater Zürich: Hskizzen, Offizier/Tänzerin	Bl auf P	48		10,6	14,8
4147	Stadttheater Zürich: Balett-Paar	A, Pi auf P auf festes P gekl	48		22,4	31,5
4150	Portrait: Otto Tomamichel	Fe, Tu (rot) auf P	31. 8. 22		31,5	21
4151	Plakatentwurf, Zürcher Pressefest 17.11.28	Bl auf P	28		23,9	15,8
4152	Anzeige. Entwurf: Wirteball	A auf P auf Halbkart.	30		17,8	13,8
4153	Plakt, Schulers Goldseife	A auf P auf Halbkart.		30 - 39	47,5	34
4157	Der königliche Herrscher	Fe, Tu auf P		30 - 39	27,1	20,8
4159	Plakatentwurf f Globus, Blumen Muttertag	A, u Bl auf P		40 - 49	11,7	8,5
4171	Bosco Gurin: «Bergheuet» en da Büjru-Ståäfla	Fe, Tu auf P auf Halbk. gekl		40 - 49	26,9	19,5
4172	Bosco Gurin: ds'Ottosch Gaarte im Langsi	Fe, Tu auf P		50 - 59	42	29,6
4173	Bosco Gurin: im Mätschu (?)	Fe, Tu auf P		40 - 49	26,9	19,7
4175	Bosco Gurin: Kapelle in der Kirchgasse	Fe, Tu auf P		30 - 39	29,8	21,1
4176 1	Studien zu G.Zoppi «Libro del Alpe»	Fe, Tu auf P		30 - 39	29,6	42
4178	Heimkehr im Gewitter	Bl u Deckweiss auf P		30 - 39	29,6	21
4179	Geisshirt m Stecken und fröhlicher Herde	Fe, Tu auf P		30 - 39	29,6	21
4182 1	Studien: Mäher	Fe, Tu auf P		30 - 39	29,5	21,1

Nr.	Titel	Werkstoff/Technik	Datum	Periode	Höhe	Breite
4182 2	Studien: Mähder	Fe, Tu auf P		30 - 39	29,5	21,1
4183	Portrait: Hans Anton Della Pietra	Bl auf P auf Karton m Leim		40 - 49	27,1	20,9
4184	Bosco Gurin, Entwurf zu Taufstein-Deckel	Fe, Tu auf Lichtpauspapier		50 - 59	30	21,1
4189	Bosco Gurin, Rast	Bl auf P		40 - 49	43,2	26,6
4209	Bosco Gurin: Henggart	A m Bl unterlegt auf P geklebt		20 - 24	20,4	21,7
4210 1,2	Bosco Gurin: Henggart	Bl auf P		19 - 24	41,5	21,7
4211 2	Portrait-Studien	Bl auf P	26		13,3	43
4215	5 Entwürfe «Ulmer Knecht bringt Bier»	Bl u Fst auf P		28 - 42	29,8	29,4
4216	Entwurf: Ulmer Knechtli als Soldat	Bl auf P		39 - 45	14,7	14,7
4219	Bosco Gurin: Kirchgasse, Das Opfer	Bl auf Paus P		50 - 60	30,9	23
4220	Soldatenmarken, Entwurf 4	A blau, m Bl unterlegt	40		8,5	12,4
4221	Soldatenmarken, Entwurf 5	A , m Bl unterlegt	39		8,5	12,4
4225	Landi 39, Werbeband	A, Tu auf festem P	39		4,8	10
4227	Erdbeben	Bl auf B		30 - 39	36,5	26,7
4228	Kriegsende	Fe, Tu auf P		45 - 50	29,7	21,1
4230	Studien zu «David und Goliath»	Bl auf P	42		24,7	17
4232	Studie: Caritas Opferwochensignet	Fe, Tu auf P	42		21	14,7
4245	Portrait, Müama	Bl auf P	11. 8. 16		49	38
4246 1	Stadttheater: Der wohlbeleibte Bass	A, Fe, Ti auf P			22,5	7,8
4246 2	Stadttheater: Der wohlbeleibte Bass	A, Fe, Ti auf P			22,5	7,8
6008	Portrait, Urahne	O auf L	21		46,2	38,3
6027	Silber-Kaffee	A, Plakatfarbe		20 - 24	25	30
6028	Möbeltransport	A, Plakatfarbe		15 - 19	46,7	38,3
6030	Mod.Korbschule M.Pallasser, Zürich	A, m Bl unterlegt		20 - 25	36,1	27,3
6031	Einhorn-Tapioca Julienne-Suppe	Fe, Tu, Deckweiss		23 - 30		
6032	Die elektrische Waschküche	Fe, Tu auf P auf K aufgez.		23 - 30	26	19,2
6033	Aschenbecher mit Zündholzschachtel-Aufsatz	Bl auf P	1. 10. 15		26,3	19,8
6034 1	Studie: Farbtöpfchen	Fe, Tu auf festem P	15		18	25,1
6036	Der Schlagzeuger	Bl auf P		25 - 27	20,4	13,3
6038	Portrait-Studie	Bl auf P		25 - 27	13,3	20,8
6039	Portrait-Studien			25 - 27	12,4	17,4
6041	Portrait-Studien	Bl auf P		25 - 27	8,6	6,1
6043	Portrait-Studien	Bl auf P		25 - 27	13,6	21
6044	Portrait-Studien	Bl auf P		25 - 27	12,4	17,5
6046	Portrait-Studien	Bl auf P		25 - 27	13,6	21
6047 1	Portrait-Studien	Bl auf P		25 - 27	13,7	20,2
6047 2	Portrait-Studien	Bl auf P		25 - 27	13,7	20,2
6054	Paris, Akademie	Bl auf P	27		34,4	20,6
6055	Frankreich, Bretagene, Belle Ile, Bordery	Bl auf P	27		21,7	27,1
6061	Paris, Metrostation	Bl auf P		25 - 27	41,5	26,2
6062	Plakat-Entwurf: Leclanché	A auf P m Bl unterlegt	26		31,8	22
6064	Paris, Geleisebau f Strassenbahn	Fe, Tu auf P		25 - 27	41,6	26,1
6065	Bosco Gurin, Maria und Claudina	Fe, Tu (rubr.) auf P m Pl schatt.	9. 8. 23		29,3	
6068	Neujahrskarte: Jos.Ant. Tomamichel, Kartoffeln	Fe, Tu auf P	37		31,7	25
6075	Titelb: Die Versuchung des Herrn Carmosin	Fe, Tu auf P (240g)		25 - 27	21	35
6078	Bosco Gurin, H.A.Della Pietra	Fe, Tu (rot) auf P	4. 8. 22		31,4	24,9
6081	Entwurf zu Weinliste Ulmer Knecht	A m Bl unterlegt		28 - 42	18,6	22,2
6082	Wenn Christus wieder käme	Fe, Tu auf P Karton (34.2x28.9)	36		31,7	26,4
6083	Caritas	Tu u Deckweiss auf P		30 - 39	16,1	12,5
8014	Bosco Gurin, Eingang Beinhaus (Entwurf)	A, Plakatfarben				
8023	Paris, Dame mit Lilafoulard	O auf L in Kr	27		55	46
8024	Paris, Jeunehomme avec Moustache	O auf L in Kr	27		54,7	46
8025	Paris, Mann mit Hut und Stock	O auf L in Kr	12. 12. 25		65	53,8
8072 3	Kinderzeichnungen	Bl auf P		4 - 9	10	24,7
8072 21	Kinderzeichnungen	Bl auf P		4 - 9	10	24,7
8072 23	Kinderzeichnungen	Bl auf P		4 - 9	10	24,7
8072 24	Kinderzeichnungen	Bl auf P		4 - 9	10	24,7
8073 x	Schulheft, Classe 4a	Bl auf P		9 - 12	24,3	18,7
8073 4	Schulheft, Classe 4a	Bl auf P		9 - 12	24,3	18,7
8073 5	Schulheft, Classe 4a	Bl auf P		9 - 12	24,3	18,7
8074	Tiere	Bl auf P		5 - 9	24,3	18,7
8075	Schulheft	Bl auf P	12		24,3	18,7
8076 7	aus Kinder Skizzenbuch	Bl auf P	3		14,7	9,7
8076 49	aus Kinder Skizzenbuch	Bl auf P	3		14,7	9,7
8076 51	aus Kinder Skizzenbuch	Bl auf P	3		14,7	9,7
8076 76	aus Kinder Skizzenbuch	Bl auf P	3		14,7	9,7
8123	Dame mit Zylinder-Männchen spielend	Bl auf P		25 - 27		
10001	ETH-Kuppel m Student & Gitarre	Karte	30		14,9	10,5
10002	Studenten m Fackeln	Fe, Tu mit Bl.Schummerung		25 - 27	14,9	9,9
10005	Geb.anz.: Leonhard Hans To	D	34		18	11
10006	Geb.anz.: Annamarie Elisabeth To	D	36		18	11
10007	Geb.anz.: Elisabeth Agnes To	D	36		18	11
10008	Empfehlungs.-Anzeige	D			18	11
10011	Hochzeitszeige HTo und AK	Kaltnadel	28		17,5	14
10012	Soldatenmarke bzw.Postkarte	D		39 - 40	14,8	10,5
10014	Signet: Caritas Opferwoche	D	42		21	15
10019	Neujahrskarte: O.& A.Sieber-Büchler 19…	D		40 - 50	11,5	18,5
10020	Neujahrskarte: Guido Oss-Michel, 19…	D		50 - 60	21	11
10021	Neujahrskarte: Gebr.Hauenstein, 1957	D	56		18	11
10024	Neujahrskarte: Othmar Gurtner, 1936	D	35		12,2	19
10025	Neujahrskarte: Sibler, 19….	D		30 - 39	14,8	10,5
10026	Neujahrskarte HTo	D	83		14,8	11
10027	Neujahrskarte: HTo, 1976	D	75		18	11
10030	Neujahrskarte: HTo 1971	D	72		18	11,2
10031	Neujahrskarte: HTo 19	D	72		18	11,2
10034	Neujahrskarte: J.Vetter, Thun, 1951	D	50		21,9	15,9
10035	Geburtsanzeige: Silvio Francesco To	D	30			
10036	Geburtsanzeige: Margrit Maria To	D	31			
10040	Progr. Stadttheater Zürich 48/49, Umschlag	D	48			

*Folgende Personen, Vereine und Firmen
haben den Katalog durch einen Beitrag unterstützt:*

*La realizzazione di questo catalogo
è stata sostenuta finanziariamente da:*

Knorr-Nährmittel AG, Thayngen
Gemeinde Bosco Gurin
Ernst-Göhner-Stiftung, Zug
Gesellschaft Walserhaus Gurin
Ufficio dei musei etnografici, Bellinzona
Vallemaggia Turismo, Maggia
Röm. Kath. Zentralkommission, Zürich
Rentenanstalt, Maggia/Locarno
Otto-Gamma-Stiftung, Zürich
Stiftung der Schweizerischen Landesausstellung 1939
Zürich für Kunst und Forschung
Trachtengruppe, Bosco Gurin
Centro Turistico Grossalp SA, Bosco Gurin
Elettricità Bronz, Tenero
Impresa costruzioni Lino Tomamichel, Bosco Gurin
Consorzio Raggruppamento Terreni, Bosco Gurin
Rotaryclub Thalwil (Zürich)
Rotaryclub Schaffhausen
Geberit AG, Rapperswil-Jona

Richard Hadjimina
Albert Marty, sen.
Elisabeth Flüeler-Tomamichel
Fritz Müller-Tomamichel
Margrit C. Pfiffner-Tomamichel
Leonhard Tomamichel
Gilbert et Josiane Kaiser, Savigny
Toni & M. Theres Lorenzi
Rolf Bühler

Condor-Communications AG, Zürich
Phonogrammarchiv der Universität Zürich
Museum für Gestaltung, Plakatsammlung, Zürich

Viele Mitglieder der Gesellschaft Walserhaus Gurin

Impressum

Concetto e Testi:
AD&AD, Cevio

Traduzione in italiano:
Maria Rosaria Regolati Duppenthaler, Mosogno

Concetto grafico, realizzazione
e coordinazione della produzione:
Freidesign, Cevio

Collaborazione alla produzione:
Max Burger, Someo

Lettorato:
Elfi Rüsch, Minusio

Riproduzioni fotografiche:
Simone Stadelmann, Richterswil

Fotolitho:
Cliches Color 2000 Sagl, Bioggio

Stampa:
Arti grafiche Rezzonico e figli, Locarno

Rilegatura:
Mosca Legatoria SA, Lugano

Editore:
Gesellschaft Walserhaus Gurin, Bosco Gurin
in commissione c/o Offizin Verlag, Zürich

ISBN 3-907496-12-4

Tutti i diritti riservati
© Copyright 2001, Walserhaus Gurin

Tiratura:
1200 esemplari

finito di stampare:
Locarno, nel mese di giugno 2001

Allegato:

CD Hans Tomamichel, «Ech be en Guriner»

Registrazioni:
Phonogrammarchiv der Universität Zürich
Privati
Condor-Communications AG
Radio Beromünster